本书是北京市社会科学基金研究基地项目的转化成果，已列入中共北京市委党校、北京行政学院学术文库系列丛书。

首都功能定位下北京高端服务业发展问题研究

钟 勇 著

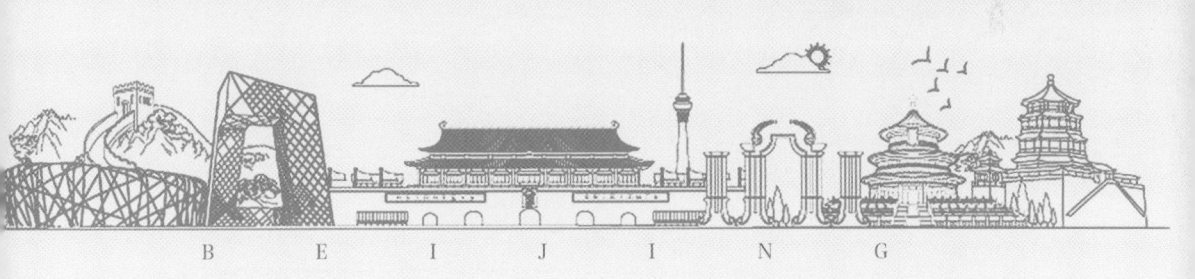

中国社会科学出版社

图书在版编目(CIP)数据

首都功能定位下北京高端服务业发展问题研究/钟勇著. —北京：中国社会科学出版社，2021.1
ISBN 978-7-5203-5565-0

Ⅰ.①首… Ⅱ.①钟… Ⅲ.①服务业—经济发展—研究—北京 Ⅳ.①F726.9

中国版本图书馆 CIP 数据核字(2019)第 238357 号

出 版 人	赵剑英
责任编辑	车文娇
责任校对	周晓东
责任印制	王 超

出　　版	中国社会科学出版社
社　　址	北京鼓楼西大街甲 158 号
邮　　编	100720
网　　址	http://www.csspw.cn
发 行 部	010-84083685
门 市 部	010-84029450
经　　销	新华书店及其他书店
印　　刷	北京明恒达印务有限公司
装　　订	廊坊市广阳区广增装订厂
版　　次	2021 年 1 月第 1 版
印　　次	2021 年 1 月第 1 次印刷
开　　本	710×1000 1/16
印　　张	14.25
插　　页	2
字　　数	192 千字
定　　价	79.00 元

凡购买中国社会科学出版社图书，如有质量问题请与本社营销中心联系调换
电话：010-84083683
版权所有　侵权必究

前　言

2015年4月中央政治局审议通过的《京津冀协同发展规划纲要》赋予北京全国"四个中心"首都功能定位，并明确要求北京疏解非首都功能。2017年9月出台的《北京城市总体规划（2016年—2035年)》对北京落实"四个中心"首都功能定位做出了进一步的部署。在疏解非首都功能方面，北京的目标已经非常明确，制订了具体的计划和措施并大力推进，但在疏解之后首都经济还能发展什么成为困扰北京的一大难题。虽然北京已经明确了减量发展的总体思路，但如何在减量的同时实现高质量发展，目前还面临不少困难。按照中央要求，北京应该加快发展高端服务业，构建"高精尖"经济结构，但是应该重点发展哪些高端服务业、如何发展高端服务业和构建"高精尖"经济结构、现有产业结构和分布如何调整、北京高端服务业发展与雄安高端服务业发展如何分工协同等，这些问题目前尚处在探索阶段，学界没有共识，政府部门也没形成有统一的指导性意见。本书研究的目的，就是对标中央要求，结合北京实际情况，分析符合首都功能定位要求的北京高端服务业及其可能发展路径，以及发展所需要的条件，并提出北京高端服务业发展的思路以及政策建议。

本书分为六个部分，各部分主要内容如下。

第一部分是对高端服务业的理论研究。该部分对高端服务业的定义、特征、分类和测度进行了分析。目前高端服务业的定义在学界还没有达成共识,其源头在于人们对于服务和服务业目前还没有一个被普遍接受的定义。梳理已有的研究成果可以发现,服务区别于物质产品的本质特征在于生产者与消费者的直接互动,而服务业的形成则是服务市场化的结果。高端服务业的基本特征是脑力劳动、生产和消费高度互动以及价值链高端。服务业高端化的推动力是物质产品对服务的替代,具有与时俱进的动态内涵,随科技进步而不断发展。信息时代高端服务业的特点是高智力、高人力资本投入、高附加值、高科技含量等。高端服务业与知识密集型服务业和信息服务业有部分类似,也因强调脑力劳动特征与二者有所区别。按照高端服务业的定义,根据国民经济核算行业分类标准,可以把信息传输、软件和信息技术服务业,金融业,租赁和商务服务业,科学研究和技术服务业,文化、体育和娱乐业,教育,卫生和社会工作,以及水利、环境和公共设施管理业中的部分行业列为高端服务业。八大高端服务业中,前五个因为市场化空间较大而备受关注,后三个虽因公益性强而产值占比不高,但高端服务业特征明显,地位重要。现有针对物质产品的国民经济核算方法应用在测算服务业的时候,在数量、质量和核算范围方面存在一些问题。高端服务业的测度有两个维度:一个维度是测度高端服务的产业化水平,另一个维度是测度经济的高端服务化水平。借鉴知识密集型服务业和信息服务业的测度,对高端服务产业化水平的测度有开列行业法、行业指标判定法,对于经济高端服务化水平的测度有经济活动测算法、指标比例法和剩余法。

第二部分研究首都功能定位对北京高端服务业的要求。从历史上看,北京功能定位经历三次变化,每次变化都对北京产业发展有显著影响。从政策效果来看,限制性政策明显大于鼓励性政策。新的首都功能定位从总量、区域和产业方面对北京经济发展做出了限制性规定。总量限制包括人口规模限制、用地规模限制和生态环境控制。同时，中央明确要求北京聚焦价值链高端环节，发展高端服务业，构建高精尖产业结构，指出金融、科技、信息、文化创意和商务服务业等是北京要重点发展的高端服务业，要求创新发展、融合发展和高端发展，并划定了十个高端服务业重点发展区域。从业态上看，符合科技创新中心和文化中心要求的高端服务业将是北京重点发展的领域。

第三部分研究北京高端服务业发展现状和存在的问题。纵向来看，北京高端服务业近几年取得了较快的发展，发展速度、发展效益和发展质量都取得了明显的进步，并呈现出京内京外合作发展和国际化发展趋势，与国内京外发达地区和周边地区建立起稳定的合作关系。与此同时，与上海、深圳等我国发达城市相比，与首都功能定位要求相比，北京高端服务业在某些方面还存在一些明显的差距，主要体现在以下四个方面。一是生产效率低。北京高端服务业劳动生产率不但低于上海和深圳，而且低于本地工业，与服务业平均水平基本相当，与上海和深圳有显著差异。土地利用方面，以中关村国家自主创新示范区为例，中关村科技园中单位土地收入低于园区平均水平的土地面积高达84.4%，其中核心园海淀园的单位土地利税均低于平均水平。二是优质增长动力不足。高端服务业面临龙头金融业发展势头减缓、规模以上企业外迁、主要行业盈利能力下降的局面。三是企业过度集中在中心城区。主要高端服务业90%以上集中在中心城区，而龙头金融业更是高度集中在核心区，这与《北京城市总体规划（2016年—2035年）》要求明显不符。从疏解效果上看，核心区近几年疏解成效显著，高端服务业结构变化很大，但功能拓展区没有明显变化，疏解的都是一些盈利较弱的行业。四是市场化程度较低。北京高端服务业规模以上非公企业虽然人数占比达到49.2%，但收入占比仅32.6%，利税占比仅15.8%。除信息传输、软件和信息技术服务业以及租赁和商务服务业的市场化程度较高之外，其他高端服务业都以国有企业为主，国有企业量少而质优，占据主导地位。北京作为首都，其高端服务业发展影响因素比较特殊，主要有三个方面。一是首都资源对于北京高端服务业发展的影响。北京作为中央所在地，中央机关及其附属机构不但在首都安置大量国家资源，还凭借其政治地位吸引大量国内国际资源在首都集聚。这些资源虽然不是由于经济原因而集聚，但集聚之后就会发生经济行为，产生经济活动，从而为首都发展提供强大经济动能。2016年北京中央单位就业人数占20%，资产占79%，收入占40%，利税占67%。中央单位科技研发人员占比57%，科技研发经费支出占比67.5%。二是首都功能定位对北京高端服务业发展的影响。这种影响体现在三个方面。第一，通过法律和市场等显性手段对某些产业进行直接限制，或对某些产业进行直接支持，如北京制定新增产业禁限目录，明确限制某些低端产业发展，同时鼓励利用老旧厂房兴办非营利性公共文化设施，发展文化创意产业。第二，通过改变环境来影响产业的发展。在满足首都政治中心、文化中心和国际交往中心功能的前提下，北京的发展就只能是减量发展、创新发展和绿色发展的高质量发展，在这样的环境下，即使政府不疏解低端产业，低端产业也会因无法达标和缺乏市场而无法生存，最终被自然淘汰。第三，通过一些隐性手段来影响产业发展。现实中政府可以凭借其体制优势，在具体操作中采取一些非公开化的措施，如审批，来影响产业的发展。三是地方政府对高端服务业发展的影响。由于地方政府对北京城市发展定位认识不清，发展模式粗放，以及上级政府对下级政府管控乏力，《北京市城市总体规划（2004—2020）》没有得到有效落实，一些限制性指标被突破，一些要求没有得到很好执行。在这三方面因素的共同作用下，北京逐渐形成了目前具有首都特色的高端服务业发展格局。

第四部分对北京发展高端服务业发展的可行性进行了分析。首先，对符合首都功能要求的北京高端服务业发展所需资源进行了测算。研究发现,北京高端服务业收入密度与就业密度及资产密度高度正相关,而利税密度则与科技人员密度高度正相关,与就业密度呈负相关关系,说明北京高端服务业是典型的劳动密集和资产密集产业,高端服务业质量主要取决于从业人员素质。按照目前实际情况测算,北京高端服务业适宜集聚水平为20588—28191人/平方千米。投资包括基础设施投资和产业投资,每平方千米产业用地需投资810亿—1105亿元,仅中关村中心城区待建园区建设每年需投资0.8075万亿—1.1015万亿元,但目前的投资力度仅为所需投资的十分之一左右。在人口和土地方面,二者存在不匹配的问题。无论是中心城区还是非中心城区,规划人口都不足以支撑新建园区聚集发展的要求。如果要达到《北京城市总体规划(2016年—2035年)》规定的人口密度限制要求并减少建设用地,北京高端服务业发展势必会受到较大影响,减量与发展之间存在两难困境,因此,必须突破现有发展模式,大幅提高聚集效益。

其次,对纽约、伦敦、东京、巴黎和美国首都华盛顿这些对北京城市发展有较强借鉴价值的城市的高端服务业发展情况进行了研究。国际大都市的高端服务业不但总体上呈聚集发展态势,而且还形成各具特色的集聚区。不同集聚区所聚集的主要行业也不同,各具特色的高端服务业集聚区分工合作共同构成城市总体的服务业格局。从发展历程来看,国际大都市的服务业都经历了从快速发展到优化发展的过程。金融业,信息业,专业、科学技术及法律服务业是国际大都市高端服务业主体。目前这些国际大都市的服务业都已经进入平稳发展阶段,形成各具特色的高端服务业,如纽约的数字经济和金融科技、东京的动漫游戏与设计、伦敦的创意产业等。地域上,国际大都市圈沿核心区从内到外,形成了核心圈、内圈和外圈三个圈层,高端服务业都聚集在核心圈,并呈现从"单中心"向"多中心"扩散的趋势。美国华盛顿特区对于北京首都核心区建设和首都特区建设很有借鉴意义,不同之处在于华盛顿特区是先规划后建设,而北京是在建成区基础上进行疏解和调整。华盛顿特区98%的产业都是服务业，政府部门和私人部门所占比重在3∶7左右，政府部门的劳动生产率明显高于私人部门。华盛顿特区有四类产业，即联邦机构产业、国际机构产业、城市服务业和依赖首都政治资源但并不服务于首都政治功能的产业，其中联邦机构产业是基础和核心，但最具竞争力的是第四类产业。第四类产业虽然不直接服务于首都功能，却能为首都城市运转提供物质基础和良好的人文环境。最后，对哪些高端服务业符合首都功能定位进行了研究。通过对行业竞争力、服务对象、内外投资情况以及政策要求的分析，认为北京高端服务业大致可以分为三种情况：第一种是既符合政策要求又有竞争力的行业，这类行业需要重点发展，包括金融业、商务服务业、软件和信息服务业以及科学研究和技术服务业。第二种是虽然符合政策要求但是竞争力并不强的行业，这类行业不需要鼓励发展，但也不用限制，包括信息传输业，水利、环境和公共设施管理业，以及文化、体育和娱乐业。第三种是虽有竞争优势但是受政策限制的行业，包括教育以及卫生和社会工作，这类行业的发展以限于满足本地需要为准。

  第五部分是北京发展高端服务业的政策及建议。首先，对北京现阶段关于高端服务业发展的政策进行了梳理。研究发现，党的十八大以来北京产业政策发生了重大变化，北京城市发展不再是地方事务，而是中央事务，北京产业发展已经在中央的严格监控之下。目前与北京高端服务业发展关系最为密切的中央政策有五个：《京津冀协同发展纲要》、国务院把北京列为服务业扩大开放综合试点城市、《国务院关于同意深化服务贸易创新发展试点的批复》、《中共中央国务院关于设立河北雄安新区的通知》和《北京城市总体规划（2016年—2035年）》。北京地方政策包括市级政策和区级政策，主要有地方规划、行动计划和产业政策三类。目前北京实施力度最大、效果最为显著的政策主要有对外开放、疏解整治促提升以及优化营商环境三个。但目前产业政策主要以行政手段为主，存在政策长期有效性以及政策破坏产业生态的问题。其次，提出了三方面的北京高端服务业发展思路。一是大幅提升高端服务业集聚水平。无论是北京内部对比还是与世界发达水平对比，北京高端服务业集聚还有很大提升空间，如果能大幅提升高端服务业集聚水平，北京就能在压缩产业用地规模的同时大幅提升高端服务业效率，实现减量发展的目标。二是以无形资产对外扩张实现首都经济可持续发展。长期来看，"减有形、增无形"是北京持续发展的根本出路，也是发达国家和地区曾经走过的道路。北京要以无形资产对外扩张，通过资本、技术、管理、品牌等无形资产的输出，充分利用外部有形资源来实现自身的发展。三是政策关注点要从"有"转到"无"。推动首都高端服务业发展，不能直接从高端服务业上发力，而是要从高端服务业发展所需产业生态入手。政府需要在一些看似与高端服务业不直接相关的方面下功夫。最后，提出了北京高端服务业发展的政策建议。其包括四个方面：一是从上到下树立"以人为本"的城市发展理念。高端服务业的核心是人才，北京要发展高端服务业，必须营造一个能够吸引人才、留住人才的环境，这也是北京和谐宜居的城市发展理念。鉴于传统发展理念根深蒂固，且形成体制和文化障碍，必须从教育培训、组织选拔和考核指标上入手，从机制上破除旧发展理念生存的土壤。二是精心做好规划实施工作。要抓紧制定与《北京城市总体规划（2016年—2035年）》对接的各项子规划，包括分区规划和产业发展规划等，将经济中心从中心城区外迁，并进一步制定切实可行的子规划实施方案，同时要改变产业园区现有规划方式，打造产城融合的宜居产业园区，在疏解上要先立后破，统筹规划"减量"和"发展"。三是打造高端环境推动服务业高端化发展。这包括借助全国政治中心优势推动首都特色服务业高质量发展，加强公共服务业建设以提升城市公共服务品质，以开放竞争推动服务业结构优化升级，打造知识产权保护高地以形成北京核心竞争力，从软硬两方面入手打造宜居人文环境。四是支持市属国有企业对外扩张。北京要鼓励市属国有企业以资本、品牌、管理、技术输出等方式对外扩张，在壮大市属国有资本的同时增加北京财政收入，为北京的可持续发展提供持久动力。

第六部分是附件。这部分介绍北京市石景山区和海淀区国家服务业综合改革试点情况。这两个地区分别被国家发改委确定为"十二五"和"十三五"国家服务业综合改革试点地区。石景山区的试点于2016年结束，海淀区的试点还在进行中。这两个试点地区的产业基础不同，发展条件有很大差异，但试点的重点都是通过改革开放促进高端服务业的发展，构建"高精尖"经济结构。试点期间这两个地区取得了不错的成绩，有很多创新性的做法，也面临一些困难，在北京市比较具有代表性。石景山区通过改革开放大力吸引高端要素资源，金融业、软件和信息技术服务业、科学研究和技术服务业在试点期间都取得了快速发展，金融、科技、文化加速融合，被国家发改委认定为"十二五"国家服务业综合改革示范典型。海淀区以助推具有全球影响力的全国科技创新中心核心区建设为目标，大力发展信息服务、科技服务、金融、文化等高端服务业，取得了不错的效果。通过对这两个地区试点情况的考察，有助于我们了解北京政府部门在推进高端服务业发展过程中的一些具体做法，也有助于我们深入了解北京高端服务业发展实践中存在的问题，从而对北京高端服务业发展有一个从理性到感性的比较全面的认识。

本书是北京市社会科学基金研究基地项目研究成果的转化。研究得到了北京哲学社会科学规划办公室的指导和资助，出版得到了北京市委党校（北京行政学院）的资助。撰写过程中得到了北京市高端服务业发展研究基地各位专家和同事的帮助。这里特别向北京市哲学社会科学办公室基地处刘军处长，北京市委党校常务副校长王民忠同志、副校长兼北京市高端服务业发展研究基地负责人吴兵同志、校委委员袁吉富同志、科研处处长鄂振辉同志,北京市高端服务业发展研究基地首席专家朱晓青教授表示感谢。出版编辑过程中得到了中国社会科学出版社工作人员的大力帮助,这里一并表示衷心的感谢。

钟 勇

2019 年 12 月 31 日

目 录

第一章 高端服务业的内涵、特征与测度 …………………………（1）
    第一节 对高端服务业内涵的界定及其评价 …………………（1）
    第二节 服务与服务业 …………………………………………（3）
    第三节 高端服务业的含义及其当代特征 ……………………（8）
    第四节 高端服务业的行业分类 ………………………………（15）
    第五节 高端服务业的测度 ……………………………………（25）

第二章 首都功能定位对北京高端服务业发展的要求 ……………（34）
    第一节 历史上首都功能定位对经济发展的影响 ……………（34）
    第二节 新时代首都功能定位及其对经济发展的要求 ………（41）

第三章 北京高端服务业发展现状及存在的问题 …………………（53）
    第一节 北京高端服务业发展的总体情况 ……………………（53）
    第二节 北京高端服务业发展中存在的突出问题 ……………（65）
    第三节 影响首都高端服务业发展格局的主要因素 …………（77）

第四章 北京高端服务业发展的可行性分析 ………………………（86）
    第一节 符合首都功能要求的北京高端服务业发展所需
            资源测算 ………………………………………………（86）

第二节　国际经验借鉴 …………………………………………（100）
　　第三节　北京高端服务业发展选择 ……………………………（130）

第五章　北京发展高端服务业的政策及建议 ………………（151）
　　第一节　北京现阶段关于高端服务业发展的政策 ……………（151）
　　第二节　北京高端服务业发展的思路 …………………………（166）
　　第三节　北京高端服务业发展的政策建议 ……………………（171）

附录　北京市国家服务业综合改革试点情况 ………………（179）
参考文献 ………………………………………………………（207）

第一章
高端服务业的内涵、特征与测度

第一节 对高端服务业内涵的界定及其评价

进入后工业化时代,服务业快速发展,在国民经济中的占比越来越高,地位越来越重要,服务业与经济增长之间的关系也越发引起关注。一些被认为与经济增长密切相关的服务业概念被提出,如专业服务业、现代服务业、生产性服务业、信息服务业、知识密集型服务业等,而高端服务业则是我国提出的具有本土特色的概念。

"高端服务业"一词最早出现在2007年深圳市政府出台的《关于加快我市高端服务业发展的若干意见》中。目前,对于高端服务业的概念学界还没有达成一致,比较有代表性的观点有以下几种:深圳市政府(2007)提出,高端服务业具有高科技含量、高人力资本投入、高附加值、高产业带动力、高开放度以及低能源消耗、低环境污染等特征;原毅军、陈艳莹、袁鹏(2011)认为,高端服务业是生产性服务业与知识密集型服务业的交集;王廉(2009)认为,高端服务业是具有"五高"——高智、高效、高资本、高收益、高时尚——特征的服务行业,农业、工业、商业以及其他服务业中都存在高端服务业;杜人淮(2007)认为,高端服务业是在工业化比较发达阶段产生的,主要依托信息技术和现代管理理念发展起来的,以提供技术性、知识性和公共性服务为主的,处于服务业高端部分的服务业;李文秀、夏杰长(2011)认为,高端服务业是一个相对的概念,不能完全以行业来划分,同时其也是一个动态的概念,随着技术的不断创新和网络组织的不断演化,现阶段的高端服务业可能在未来成为夕阳产业,已不具备服务的高端层次。

吴艳、陈跃刚(2008)归纳了外国学者的研究,提出了一个与高端服务业非常类似的概念——高层次服务业,指出高层次服务业主要包括FIRE部门和商业服务部门。其中,FIRE部门包括金融服务业(金融和其他储蓄机构、其他信用代理人、股票经纪人和交易商、投资和持股公司)、保险业、房地产经营业、房地产和保险代理业,而商业服务部门包括就业与人事代理业、计算机服务业、会计服务业、广告服务业、工程和科学技术服务业、法律服务业、管理咨询业和其他商业服务业。① 这里强调了这类服务业的高层次特征,如FIRE的职业揭示了一些更高层次的工作,高层次服务业的服务供应商和客户之间有一些必要的高层次的交流等,并明确区别于生产者服务业,FIRE部门有更强的最终需求导向,但是并没有对"高层次"给出明确的定义。

从以上分析可以看出,学者们对于高端服务业从不同角度进行了探讨,焦点在于对"高端"的理解。目前对于"高端"的内涵有共识也有分歧。共识部分是高端是一个相对概念,具有动态性,高端服务业具有知识密集和高科技含量两个特征。分歧在三个方面:一是从哪个角度认定高端服务业的这两个特征,是从人力资本角度、产品附加值角度、生产效率角度,还是从其他角度;二是除了这两个特征,高

---

① 吴艳、陈跃刚:《国外高层次服务业空间分布的研究综述》,《科技进步与对策》2008年第6期。

端服务业是否还具有一些其他特征，如高产业影响力、高开放度、高时尚、低能耗、低污染等；三是高端服务业的划分对象是行业还是企业。这些分歧，虽然看起来是关于高端服务业的，但是涉及更为根本的对服务以及服务业内涵的理解，需要更深入的分析来厘清其中的逻辑关系。

第二节　服务与服务业

一　服务的内涵

服务很常见，但很难说清楚。很多学者都曾给服务下过定义，试图把服务与商品区分开来。他们归纳出服务具有非实物性、非生产性、不可储存、不可贸易、即时性等特征，不过在实践中这些特征显然还无法完全将服务与商品完全区分开来。迄今为止，在众多学者提出并在实践应用的服务定义中，尚没有一个得到普遍认可。国际服务统计工作研究人员倾向于接受一种更为灵活的态度：与其对服务给出一个单一的定义，不如根据各种统计的可行性和其他情况应用几个服务概念。[1] 笔者认为，真正抓住服务核心的是希尔给出的定义。希尔曾在1977年将服务定义为"是指某一个人或某一物（隶属于某一经济单位）的状态所发生的改变，这一改变是按照事先的约定由其他经济单位提供的"。[2] 十年后他又对该定义进行了补充。在新定义中，希尔强调了服务过程中生产者与消费者所具有的接触性，并举例进行说明："一个农民可能在同其最后的雇主完全隔绝的情形下种庄稼，然而一

---

[1] Drechsler, Laszlo, "A Note on the Concept of Services", *Review of Income and Wealth*, Vol. 36, No. 3, 1990, pp. 309–316.

[2] Hill, T. P., "On Goods and Services", *The Review of Income and Wealth*, Vol. 23, No. 4, 1977, pp. 315–338.

位教师却不能没有学生。"① 不过,也有学者认为这一定义仍然无法将服务同商品完全区别开来。例如,德雷斯勒认为,在定购一辆个性化的汽车或者从服装店定做服装的过程中生产者和消费者都发生了某种接触,但两个过程都属于商品范畴。②

笔者认为,德雷斯勒所举的例子其实是一个商品和服务的混合体,并不能完全算作商品范畴,因而不能以此否定希尔所界定的服务的核心特征。为了阐明笔者的观点,我们对商品与服务的区别做进一步的一般性分析。无论是产品还是服务,无疑都是劳动的产物。生产的目的——无论是产品还是服务——都是为了满足人的需要,因此,从生产到消费的过程来看,产品和服务并没有本质区别,唯一的区别就在于这一过程中人和物的可分离性。从生产到消费的过程,无论是产品还是服务,有以下几种可能的实现路径:人—人;人—物—人;人—物—物—人;人—人、物—人;人—人、物—物—人。"人—人"路径即生产者徒手为消费者直接提供服务。这个路径有两个特征:一是生产者不借助于任何生产工具,以纯劳务的方式生产;二是生产者直接作用于消费者,而不借助任何中间物品来间接满足消费者需要。这种直接的、人对人的生产消费方式无疑属于服务范畴,对此学界基本没有异议。"人—物—人"路径是通过纯劳务生产出物品,然后用所生产的物品来满足消费者的需要。这一路径分为"人—物"的生产过程和"物—人"的消费过程。这种路径通过"物"把生产者和消费者隔离开来,属于典型的产品范畴,学界对此基本也没有异议。"人—物—物—人"路径是指劳动者生产的物不是直接消费品,而是某种工具。这种工具不能直接作用于消费者,而是通过作用于消费者的物品

---

① 参见[加]赫伯特·G. 格鲁伯、迈克尔·A. 沃克《服务业的增长:原因与影响》,陈彪如译,上海三联书店1993年版,第37页。
② Drechsler, Laszlo, "A Note on the Concept of Services", *Review of Income and Wealth*, Vol. 36, No. 3, 1990, pp. 309–316.

来间接满足消费者需要，如扫地机器人扫地，或者唱片机播放唱片。这种路径也是把生产者和消费者隔离开来，显然也属于产品范畴。比较有争议的是"人—人、物—人"路径和"人—人、物—物—人"路径，德雷斯勒提出的定制服务就属于此类。这两条路径的共同特点是生产者都要借助劳动工具，与物品结合在一起，一同来满足消费者需要。这种情况无论是被纳入服务范畴还是被纳入产品范畴都有一定道理。不过在笔者看来，人、物混合生产过程其实可以分解为与前面类似的"人—人""人—物—人"两个部分。① 区别在于，与纯劳务生产过程相比，人、物混合生产过程要使用劳动工具。就生产过程而言，无论是生产产品还是提供服务，都一样可能要使用劳动工具，区别在于劳动作用的对象。产品生产的作用对象是"物"，"物"作为劳动成果脱离生产者后满足消费者需要，而服务生产的作用对象是"人"，其区别在于"物"是作为劳动工具，而不是作为劳动成果，与劳动一起满足消费者需要。按照这一标准，我们可以区分出经济活动中的产品生产行为和服务行为。例如，在服装店定做衣服，属于"人—人、物—物—人"路径。这项活动中，设计师与消费者沟通和测量身材等活动都属于服务行为，而服装加工部分则属于产品生产行为。再如，消费者在餐馆用餐，属于"人—人、物—人"路径。这项活动中，服务员直接与消费者接触的部分（包括点菜和上菜等）属于服务行为，而菜品加工的部分则属于产品生产行为。如果从餐馆就餐变成外卖点餐，则菜品加工的部分属于产品生产行为，而服务人员接订单以及配送员送货部分则属于服务行为。

从以上分析可以看出，通过对混合生产过程的分离，产品与服务的界线是非常清晰的。作为劳动主体的人是否直接作用于作为消费者

---

① 这里"人—物—人"包含了"人—物—物—人"的情形，为简化起见，不再一一说明。

的人，是区别产品与服务的根本所在。生产者与消费者的接触性是服务的本质特征。这种接触不一定要面对面，随着信息技术的发展，也不再要求同时同地，但是要求供求双方必须有互动，共同协作才能完成生产过程。

由于这一根本不同，服务生产具有完全不同于产品生产的特征。具体说来有以下几个方面：一是服务生产需要供求双方共同参与，因而服务生产必定是劳动密集型的。服务生产的劳动密集与产品生产的劳动密集有本质不同。前者是生产者与消费者在一起的密集，是由服务自身特点决定的，而后者是生产者在一起的密集，是由生产技术水平决定的。随着生产技术水平的提高，产品生产会从劳动密集逐步转向资本密集和技术密集，但无论生产技术如何进步，服务生产的劳动密集特性都不会改变。二是服务质量和效率主要取决于供求双方人员的素质，因而服务业发展水平与社会受教育程度、道德水平、诚信环境等这些看似与生产无关的社会因素密切相关，其中文化是根本性的决定因素。文化具有很强的地域特征，服务也因此具有明显的地域特征。三是服务是一个供求双方互动的过程，很难标准化，因而服务生产很难像产品生产那样通过标准化生产的规模效应来降低成本，更多的是通过差异化服务和品牌效应来获得竞争优势，质量而不是效率是服务竞争的根本要求。

不过，在满足消费者需求方面，服务和产品并没有什么本质不同，二者存在竞争关系。相比较而言，服务质量更高，产品则效率更高。机器替代人工，产品替代服务，意味着社会生产效率的提升，而服务替代产品则意味着需求在更高质量层面上的满足。随着科技的进步，产品不断替代服务，一方面解放人力，使人有更多闲暇时间来实现全面发展，另一方面人作为生产者的素质得到了全面提高，能够提供更高质量的服务，推动服务不断更新升级。因此，总体上看，产品生产和服务生产又是互补关系，共同推动经济发展和社会进步，这是社会经济发展的必然趋势。

二 服务业的内涵

服务业是指从事服务生产的部门和企业的集合。不过，由于服务没有统一的概念，关于服务业的概念也存在争议。服务业与服务密切相关，但并不相同。服务无处不在，只要人们相互帮助就有服务产生，但服务并不一定表现为服务业，只有当服务以商业化形式提供的时候，才属于服务业的范畴。企业是一个有机体，内部包含复杂的生产活动，既有产品生产，也有服务生产，但整个企业所属的产业性质是由其向市场最终输出成果的形式决定的。按照现有的统计方法，如果一个企业最终输出的是产品，那么该企业就被列入农业或工业范畴，如果最终输出的是服务，那么该企业就被列入服务业范畴，因此，工业和农业内部的服务活动就被统计为工业和农业的范畴，只有被划入服务业范畴的企业内部服务活动才被统计入服务业范畴。有学者提出高端服务业是跨产业的，农业、工业和商业中都存在高端服务业。但从产业概念看，更为严谨的提法应该是在这些产业中存在高端服务活动。现在所谓的一些产业融合现象，严格来说只是一种统计现象，而不是生产活动本身。由于现有统计制度无法区分企业内部不同性质的活动，当企业从市场分工合作转为一体化经营的时候，就会导致统计上的"产业融合"。

对于服务业具体包含哪些行业，目前并没有明确界定。在国民经济核算中，服务业大致等同于第三产业。现有三次产业分类中，农业和工业的界定是比较清晰的，第三产业则采用了"剩余法"，即不能纳入第一产业和第二产业的产业统统纳入第三产业。最开始的时候，第三产业并不等同于服务业。"1930—1960年，第三产业是按照其本意来界定的，即它是除农业和工业外所有经济活动的集合体。"① 直到1965—1975年，随着服务业重要性的不断提高，在社会中的地位也逐渐显现，人们开始重视服务业，第三产业也逐渐被等同于服务业。实际上，第三产业门类众多，内容庞杂，性质各异，甚至很难归纳出统一的服务特征，因此很难被称为一个严格的产业分类。三次产业划分是为了反映经济活动发展的规律和趋势。第一次产业和第二次产业的划分比较好地体现了这一点，但把第三产业等同于服务业，生产的"服务"特性并没有表现出比"制造"更为进步的特征，反倒是"鲍尔默成本病"引发了理论界对服务业发展的普遍担忧，因此，有必要按照第一产业、第二产业的划分标准对第三产业作进一步分类研究。"有讨论认为将第三产业的全局性概念替换为一些相互分割的服务业活动将更为恰当。"② 通过归纳出服务业中真正进步的因素，才可能找到服务业发展的规律和产业发展趋势。

第三节　高端服务业的含义及其当代特征

一　后工业社会服务业的变化

服务业有悠久的历史，其发展早于工业。不但发达国家在工业化早期就有了占总产值比重50%左右的服务业，部分现代低收入发展中国家也有高于工业比重的服务业。③ 传统服务业主要是为人们日常生活服务的，如餐饮、住宿业、商业等。随着工业的发展，一系列与工业生产密切相关的服务发展起来，如研发设计、企业管理、教育培训、融资服务、售后服务等。当市场达到一定规模的时候，这些服务就会

---

① ［法］让－克洛德·德劳内、让·盖雷：《服务经济思想史》，江小涓译，格致出版社、上海人民出版社2011年版，第67页。
② 同上书，第79页。
③ 庄丽娟：《服务定义的研究线索和理论界定》，《中国流通经济》2004年第9期。

独立出来，形成新的服务业。这些与生产密切相关的服务业被称为生产性服务业。随着生产服务业的不断发展，其角色也从被动服务逐渐转变为主动参与，从充当润滑剂的管理功能转变为一种推动工业生产各阶段更高效运行以及增加产出价值（高附加值）的间接投入，其进一步发展演化出各种各样的新兴服务业态。例如，银行、证券、信托、保险、租赁等现代金融业，建筑、装饰、物业等房地产业，会计、审计、评估、管理咨询、法律服务等中介服务业，以及会议展览、国际商务、现代物流业等。生产性服务业的快速增长成为工业社会服务业发展的典型特征。它将生产、流通、分配和消费四个社会再生产环节有机联结起来，提高人流、物流、信息流和资金流的运转效率，促进工业发展。

进入后工业社会，经济发展不再仅仅依靠工业生产部门，而是越来越依赖服务经济部门。在这一阶段，服务业发展有三大显著变化。一是服务对象从主要为生产服务开始转向主要为人服务，一些生活服务业，如社会福利事业、卫生健康、教育、文化体育娱乐等，发展迅速，成为服务业的重要内容。二是生产性服务业依然是服务业的主要内容，但生产服务已经从参与生产转变为引领生产。从企业生产链角度看，生产环节虽然必不可少，但生产在企业发展中的地位越来越弱化。从社会角度看，生产性服务业的发展远远超出简单的生产服务范畴，已经全面参与渗透社会经济发展的各个方面，从整体上引领生产发展。它不但从需求上引领生产方向，从商业模式上引领企业的运行，而且从科学技术上为生产提供手段支撑，并引领生产技术的发展。服务业对生产更多的是发挥战略功能和"推进器"的作用。三是信息技术改变了服务业的运营模式和业态。在后工业社会，工业发展在经历机械化、电气化后，进入信息化阶段，信息取代物质与能源，成为人类社会生存与发展的最重要战略资源。这一阶段的显著特点是经济知识化，不仅知识成为推动经济发展的重要因素，而且知识生产和消费本身成为经济发展的主要内容。信息对于社会经济的影响无处不在。

信息化大规模渗透到人们的生活中,电子邮件、网络购物、电子金融、移动通信等极大改变了人们的生活方式。信息化与工业化融合,帮助实现工业自动化,ERP、CAD 成为许多企业生产经营的标配。信息化也带来服务业的革命:一方面,大量与知识相关的专业服务独立出来,成为新兴服务业;另一方面,传统服务业经过信息化改造和升级,表现出全新业态,如网约车对出租车行业的改造、移动支付对金融行业的改造。不仅如此,互联网的发展还改变了服务业的整个业态。例如,电商发展导致传统商业被"电商平台+快递+仓储"的业态所取代,大幅压缩商业层级,导致服务业的跨业竞争和替代,促进服务业内部结构变化和优化升级。

二 服务业"高端"的含义

界定高端服务业的含义,需要从"高端"和"低端"的划分标准入手。现有研究关于"高端"的标准有很多说法,归结起来,这些标准大致可以概括为"价值链高端":高附加值、高收益等都是价值链高端的直接表现;低能耗、低污染等通常都是价值链高端的伴随特征;"知识密集和高科技含量"则是产业处于价值链高端的充分必要条件和本质特征。此外,既然是价值链高端,在产业链中必然处于战略核心环节,具有较强的产业影响力。

价值链是哈佛大学迈克尔·波特教授于 1985 年提出来的概念。他认为,企业是在设计、生产、销售、发送和辅助其产品的过程中进行种种活动的集合体,其价值创造是通过一系列活动形成的。这些活动分为基本活动和支持性活动两类。其中,基本活动包括企业生产、销售、进料后勤、发货后勤、售后服务等,支持性活动包括人事、财务、计划、研究与开发、采购等。这些相互关联但各不相同的生产经营活动共同构成创造价值的动态过程,即价值链,如图 1-1 所示。价值链理论认为，在企业众多生产经营活动中，并非所有环节都创造价值。价值创造来自企业价值链上的某些特定活动，这些真正创造价值的经营活动是企业价值链的"战略环节"。

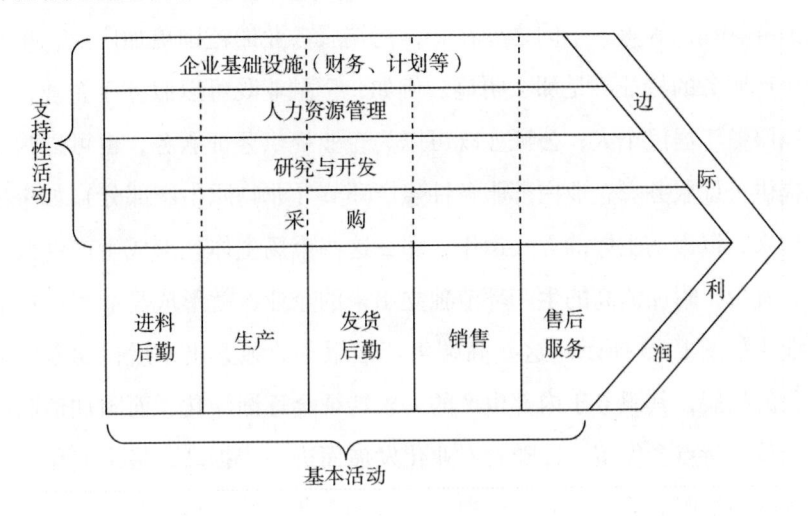

图1-1 波特价值链

施振荣1992年提出了微笑曲线，将波特的价值链概念从企业内部延伸到企业之间，指出产品从研发到售后的整个生产链的不同环节所创造的附加值是不同的，其中，处于两端的研发和售后服务处于价值链高端，而生产环节处于价值链低端（见图1-2）。

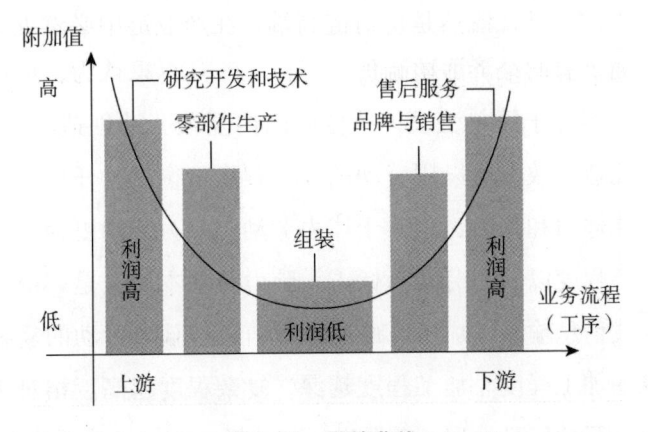

图1-2 微笑曲线

对比价值链和微笑曲线可以发现，高端服务业的经济活动与处于价值链高端的企业活动有非常相似的部分，如技术服务业与技术研发、商务服务业中的企业管理服务与企业管理环节、金融业中的财务公司与企业财务管理，等等。不同之处在于，高端服务业的范围更加广泛，单纯为生产服务的特征不是那么明显。例如，金融业既可以服务于企业，也可以服务于居民个人；公证业既可以为企业提供公证服务，也可以为个人提供公证服务。企业内部服务性生产环节（非物质生产部分）如果独立出来，以市场主体的方式运作，那么这些市场主体就形成生产性服务业，其中，附加值高的生产环节独立出来的企业，就形成高端生产性服务业，如图1-3所示。这些高端生产性服务业独立出来后，随着服务对象的拓展，其服务于内部生产的需求特征会逐渐淡化，而附加值高的生产技术特点会保留，并随着专业化发展而进一步提高，最终演化成一般性的高端服务业。我们可以把"产业链"与"生产链"作对比，把产业看作企业的生产环节，服务业对应其中的非物质生产环节，那么高端生产性服务业对应的就是企业附加值高的生产环节，可见"高端"的含义就是"价值链高端"。

三 高端服务业的当代特征

创造高价值的经济活动有什么特征呢？马克思认为，价值是由劳动创造的。相对于简单劳动，单位时间内复杂劳动创造的价值更高，因此价值创造的效率可以用劳动的复杂程度来衡量。任何一项劳动都要同时消耗体力和脑力，相对于体力劳动，脑力劳动更为复杂，因而劳动的复杂程度以脑力劳动为标志。脑力劳动本质上是一个信息处理过程，通过信息输入、加工，最后输出信息。脑力劳动的复杂程度取决于信息的加工程度。加工程度越深，复杂程度越高。相对于仅凭直觉就可以进行的信息处理，需要进行理性思考的信息处理就更为复杂。

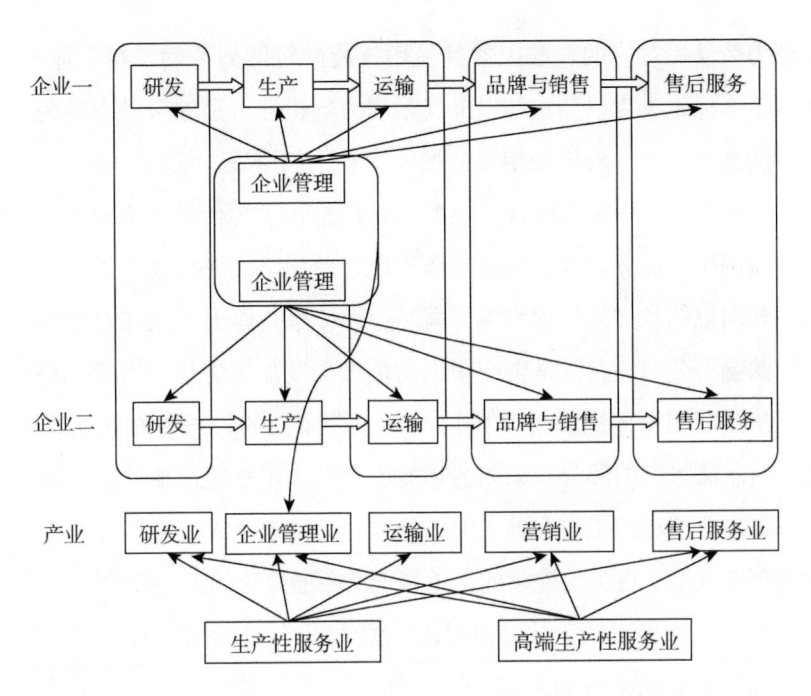

图 1-3　生产链、价值链、产业链与生产性高端服务业的关系

基于以上分析，可以认为，价值创造的高低，从而服务业的"高端"和"低端"，是以脑力劳动复杂程度作为判断标准的。

然而，一项经济活动的劳动复杂程度并不是一成不变的，而是与社会发展水平密切相关。生产发展过程，就是一个人类劳动不断被机器所取代的过程。从被机器取代的角度来看，劳动复杂程度又是一个随技术发展而不断升级的概念——越是难以被机器所取代的劳动，其复杂程度越高，因此"高端"也是一个动态概念，具有时代特征。马克思认为，生产工具是生产力水平的标志。庞巴维克认为，生产发展是一个从直接生产到迂回生产的过程。随着生产的发展，作为生产工具的生产链条不断加长。结合二者的观点，我们可以认为生产发展过程就是一个生产工具不断发展的过程，而劳动复杂程度就与生产工具的发明和使用密切相关。在农业社会，农业生产以直接生产为主，生产工具主要是各种基于人力的简单生产器具，高端劳动就表现为与直接生产重体力劳动相对应的、掌握器具使用技能的轻体力劳动。在工业社会，生产工具标志变为以蒸汽和以电气为动力的机器，高端劳动表现为与体力劳动相对应的、与机器相关的技能劳动，如研发、维修、操作、生产组织管理等。在信息化时代，生产工具标志转变为信息处理设备，如信息传输网络、计算机等，机器操作实现自动化，经济活动从以物质生产为主转向以信息加工处理为主，高端劳动就是与体力劳动相对应的处理信息的脑力劳动，尤其是生产知识的信息深度加工劳动。当前，信息社会正从互联网阶段向智能化阶段演变。智能化的特点是知识生产自动化。这意味着人的部分知识创造功能也会被人工智能所取代，一部分带有一定专业技巧的工作会被人工智能取代，因而，未来服务业必然向着更有创造性的、更为人性化的人工智能所不能取代的方向演进。

当前，世界正处于从信息社会向智能社会过渡的阶段，高端劳动以处理信息的脑力劳动尤其是生产知识的信息深度加工劳动为主。根据前面的分析，结合服务业的本质特征，笔者认为当代高端服务业应具备以下特征：一是高智力。从生产方式来看，企业所提供的应该是高智力服务。这种服务高度依赖于专业能力和知识，需要借助电脑等高科技生产工具，是一种复杂的脑力劳动。二是高人力资本。从生产投入来看，与工业不同，高端服务业的核心资产不是机器、厂房等生产工具和设备，而是员工。企业员工的受教育水平和素质就反映了企业服务高端化水平。虽然统计上一些重资产行业也被纳入高端服务业范畴，如电信传输业，但是对于高端服务业而言，重资产并不是必需的。实际上绝大部分高端服务业都是轻资产的，如会计师事务、律师事务、管理咨询、保险代理等。企业投资主要花在人力上，包括高工资福利、高研发投资、员工高强度专业培训等。三是价值链高端。从产业链来看，高端服务业所提供的服务处于产业链中附加值的高端部分。价值链高端不仅表现为单位服务价值含量高，还表现为拥有技术壁垒，难以竞争。四是高互动性。高端服务具有很强的个性化特征，难以标准化，需要在供求双方的高水平互动中提供高质量的个性化服务。

第四节　高端服务业的行业分类

一　信息服务业和知识密集型服务业分类

本书对于高端服务业的定义，与信息服务业、知识服务业或者知识密集型服务业的概念有些类似，都是对服务信息化（或知识化）现象的一种抽象和概括，有相通之处，但并不完全相同。相对于高端服务业，人们对信息服务业和知识密集型服务业的研究比较早，成果比较丰富，正好可以加以借鉴。

无论是马克卢普的知识产业研究，还是波拉特的信息产业研究，都不是基于现有的三次产业分类。马克卢普把为自身所消费或为他人提供消费而生产知识的组织或机构，以及从事信息服务和生产信息产品的组织或机构，都纳入知识产业，其所指的知识产业涵盖知识从生产到使用的全过程，包括教育、研究与发展、通信媒介、信息设备、信息服务五个分支，共30个行业[①]，横跨第二产业和第三产业。波拉特则把信息产业称作与三次产业并列的第四产业，其范围涵盖信息从生产到使用的全过程，包括知识生产与发明产业、信息处理与传递服务业、信息分配与通信产业、信息产品业、风险经营、某些政府活动、调研与非投机机构、基础设施八个部门[②]，也是横跨第二产业和第三产业。此外，除了把市场化交易的信息活动（波拉特称之为一级信息部门）纳入信息产业，波拉特还把非市场交易的信息活动也纳入其中，称为二级信息部门。这样，信息产业不但打破了现有的三次产业分类，而且

---

①　转引自陈禹、谢康《知识经济测度理论与方法》，中国人民大学出版社1998年版，第43—44页。

②　同上。

其分类对象也不再是市场交易主体，而是具体的经济活动。尽管理论界对马克卢普和波拉特的产业分类存在一些不同意见，但是他们的研究都表明了这样一种看法：即信息产业或者知识产业不应该仅仅被视为现有三次产业中的一个产业类别，而是代表了完全不同于制造业的一种生产方式，就如同制造业不同于农业一样，因而是一个不同的经济阶段。第三产业中，与信息或者知识密切相关的行业发展迅速，"信息"或者"知识"也许是比"服务"更能反映这一经济进步的特征。

信息产业和知识产业分类中，与服务业相关的是信息服务业和知识密集型服务业。信息服务业包括三个部分：一是电信传输、互联网传输、广播电视传输、卫星传输等信息传输业；二是计算机服务、软件服务等信息技术服务业；三是广播、电影、电视、新闻出版等信息资源业。目前，对于每一部分所包含的具体行业存在一些分歧。权威的《国际标准行业分类》（修订第四版）中增设了信息和通信（J）大类，列举了与信息密切相关的6大类服务业，如表1-1所示。

表1-1　　　　国际标准行业分类中的信息服务业

			信息和通信	
J	58			出版活动
		581		书籍和期刊的出版及其他出版活动
			5811	书籍出版
			5812	名录和邮寄名单的出版
			5813	报纸、杂志和期刊的出版
			5819	其他出版活动
		582	5820	软件的发行
	59			电影、录像和电视节目的制作、录音及音乐作品出版活动
		591		电影、录像和电视节目活动
			5911	电影、录像和电视节目的制作活动
			5912	电影、录像和电视节目的后期制作活动

续表

				信息和通信
J			5913	电影、录像和电视节目的发行活动
			5914	电影放映活动
		592	5920	录音制作和音乐出版活动
	60			广播和节目制作活动
		601	6010	电台广播
		602	6020	电视广播和节目制作活动
	61			电信
		611	6110	有线电信活动
		612	6120	无线电信活动
		613	6130	卫星电信活动
		619	6190	其他电信活动
	62			计算机程序设计、咨询及有关活动
		620		计算机程序设计、咨询及有关活动
			6201	计算机程序设计活动
			6202	计算机咨询服务和计算机设施管理活动
			6209	其他信息技术和计算机服务活动
	63			信息服务活动
		631		数据处理、储存及有关活动；门户网站
			6311	数据处理、储存及有关活动
			6312	门户网站
		639		其他信息服务活动
			6391	新闻机构的活动
			6399	未另分类的其他信息服务活动

对于知识密集型服务业（KIBS），学界尚未准确把握其特征，目前还没有国际标准的行业分类。魏江（2007）研究发现，至少有22种行业——研究与开发服务业、计算机与信息服务业、市场营销与广告服务、技术服务业、法律与经济咨询行业、管理咨询、金融与保险业、培训业、工程服务、建筑服务、技术测试与分析服务、邮政与通信服务、人力资源服务、设计类企业、其他商业服务业、新闻媒体、

广播影视文化、软件服务、办公服务、医疗保健、教育服务、环保服务业——被研究列为知识密集型服务业。国际经济合作组织（OECD）1996年在其《以知识为基础的经济》一书中，依据《国际标准产业分类》（第三版）的标准，对知识密集型服务业的行业分类进行了界定，如表1-2所示。

表1-2　　　　OECD对知识密集型服务业的行业分类

行业	ISIC 代码
1. 邮电通信业	64
2. 金融保险业	65 + 66 + 67
金融中介（不包含养老和保险金）	65
保险和养老金（不包含必需的社会保障）	66
金融中介提供的服务活动	67
3. 商业服务业	71 + 72 + 73 + 74
其他金融活动	71
房地产业	72
租赁业	73
商业服务业	74

从以上分类可以看出，信息服务业和知识密集型服务业有交叉重叠之处，但二者又有明显区别。信息服务业强调的是信息特征，即信息通过这些经济活动的传播和服务，被迅速地扩散和再扩散。对于其中的知识部分，只有信息技术服务以及易于通过信息技术传播的信息资源服务被纳入。知识密集型服务业则强调经济活动的知识含量。

二　高端服务业的分类

（一）高端服务业与其他服务业的区别

与信息服务业和知识密集型服务业一样，高端服务业提供的也是信息（知识）服务，因而不同于提供体力服务的普通服务业。但与信息服务业强调"信息特征"和知识密集型产业强调"知识特征"不同，高端服务业强调"脑力劳动"特征。"脑力劳动"的信息加工包含了信息和知识两个部分，同时，作为"脑力劳动"结果的知识和信息又与"非脑力劳动"的信息与知识区分开来。虽然信息和知识是脑力劳动的成果，但并非所有的信息和知识都是由脑力劳动创造的，随着信息和智能技术的发展，可编码化生产的信息和知识采用类似制造业的方式大规模自动生产。虽然生产用的是高技术，但是作为"数据工人"的劳动与作为"知识工人"的劳动有着本质不同，数据生产这部分经济活动不能算作高端服务业。高端服务业与其他服务业的区别如表1-3所示。

表1-3 高端服务业与其他服务业的区别

主要产出 \ 主要投入	脑力劳动	体力劳动	机器设备
信息	高端服务业 信息服务业	—	信息服务业
知识	高端服务业 知识密集型服务业	—	知识密集型服务业
非信息（知识）产出	—	普通服务业	普通服务业

严格地说，以机器设备等硬件设施为主要投入的经济活动不能算服务业，因为不符合生产者与消费者互动的服务特征，但在国民经济核算中，这些具有明显制造业特征的信息（知识）生产和信息传输活动，如电信、广播电视和卫星传输，也被纳入服务业统计范畴。为了核算方便，我们也遵循惯例，把这部分经济活动算作服务业范畴。

（二）高端服务业行业分类

目前，对于高端服务业具体包含哪些国民经济行业并没有统一界定。比较公认的有五个行业：信息传输、软件和信息技术服务业，金融业，租赁和商务服务业，科学研究和技术服务业，以及文化、体育和娱乐业。本书按照高端服务业以提供信息加工服务和脑力劳动为主的特征，把八个服务行业列为高端服务业。按照国民经济行业分类标准（GB/T 4754-2011），高端服务业包括八大类36个子类①，如表1-4所示。与公认的五大行业相比，上面列举的八个高端服务业中的教育、卫生和社会工作以及水利、环境和公共设施管理业三个行业都具有较强的社会公共属性，市场化程度不高，因此，如果仅仅从市场角度看，五大公认的高端服务业无疑更有发展空间。

表1-4　　　　　　　我国高端服务业行业分类

编号	大类	子类	代码	行业名称
1	信息传输、软件和信息技术服务业（I）	互联网和相关服务	6410	互联网接入及相关服务
			6420	互联网信息服务
			6490	其他互联网服务
		软件和信息技术服务业	6510	软件开发
			6520	信息系统集成服务
			6530	信息技术咨询服务
			6540	数据处理和存储服务
			6550	集成电路设计
		其他信息技术服务	6591	数字内容服务
			6599	其他未列明信息技术服务业
2	金融业（J）	货币金融服务	6610	中央银行服务
			6620	货币银行服务
			6631	金融租赁服务
			6632	财务公司
			6639	其他非货币银行服务
			6640	银行监管服务

① 子类中没有包含所有的行业，而是按照本书定义的高端服务业标准进行了筛选。

续表

编号	大类	子类	代码	行业名称
2	金融业（J）	资本市场服务	6711	证券市场管理服务
			6712	证券经纪交易服务
			6713	基金管理服务
			6721	期货市场管理服务
			6729	其他期货市场服务
			6730	证券期货监管服务
			6740	资本投资服务
			6790	其他资本市场服务
		保险业	6811	人寿保险
			6812	健康和意外保险
			6820	财产保险
			6830	再保险
			6840	养老金
			6850	保险经纪与代理服务
			6860	保险监管服务
			6891	风险和损失评估
			6899	其他未列明保险活动
		其他金融业	6910	金融信托与管理服务
			6920	控股公司服务
			6930	非金融机构支付服务
			6940	金融信息服务
			6990	其他未列明金融业
3	商务服务业（L）	企业管理服务	7211	企业总部管理
			7212	投资与资产管理
			7213	单位后勤管理服务
			7219	其他企业管理服务
		法律服务	7221	律师及相关法律服务
			7222	公证服务
			7229	其他法律服务
		咨询与调查	7231	会计、审计及税务服务
			7232	市场调查

续表

编号	大类	子类	代码	行业名称
3	商务服务业（L）	咨询与调查	7233	社会经济咨询
			7239	其他专业咨询
		广告业	7240	广告业
		知识产权服务	7250	知识产权服务
		其他商务服务业	7291	市场管理
			7292	会议及展览服务
			7293	包装服务
			7294	办公服务
			7295	信用服务
			7296	担保服务
			7299	其他未列明商务服务业
4	科学研究和技术服务业（M）	研究和试验发展	7310	自然科学研究和试验发展
			7320	工程和技术研究和试验发展
			7330	农业科学研究和试验发展
			7340	医学研究和试验发展
			7350	社会人文科学研究
		专业技术服务业	7410	气象服务
			7420	地震服务
			7430	海洋服务
			7440	测绘服务
			7450	质检技术服务
			7461	环境保护监测
			7462	生态监测
			7471	能源矿产地质勘查
			7472	固体矿产地质勘查
			7473	水、二氧化碳等矿产地质勘查
			7474	基础地质勘查
			7475	地质勘查技术服务
			7481	工程管理服务
			7482	工程勘察设计
			7483	规划管理

续表

编号	大类	子类	代码	行业名称
4	科学研究和技术服务业（M）	专业技术服务业	7491	专业化设计服务
			7492	摄影扩印服务
			7493	兽医服务
			7499	其他未列明专业技术服务业
		科技推广和应用服务业	7511	农业技术推广服务
			7512	生物技术推广服务
			7513	新材料技术推广服务
			7514	节能技术推广服务
			7519	其他技术推广服务
			7520	科技中介服务
			7590	其他科技推广和应用服务业
5	教育（P）	学前教育	8210	学前教育
		初等教育	8221	普通小学教育
			8222	成人小学教育
		中等教育	8231	普通初中教育
			8232	职业初中教育
			8233	成人初中教育
			8234	普通高中教育
			8235	成人高中教育
			8236	中等职业学校教育
		高等教育	8241	普通高等教育
			8242	成人高等教育
		特殊教育	8250	特殊教育
		技能培训、教育辅助及其他教育	8291	职业技能培训
			8292	体校及体育培训
			8293	文化艺术培训
			8294	教育辅助服务
			8299	其他未列明教育
6	卫生和社会工作（Q）	医院	8311	综合医院
			8312	中医医院
			8313	中西医结合医院

续表

编号	大类	子类	代码	行业名称
6	卫生和社会工作（Q）	医院	8314	民族医院
			8315	专科医院
			8316	疗养院
		社区医疗与卫生院	8321	社区卫生服务中心（站）
			8322	街道卫生院
			8323	乡镇卫生院
		门诊部（所）	8330	门诊部（所）
		计划生育技术服务活动	8340	计划生育技术服务活动
		妇幼保健院（所、站）	8350	妇幼保健院（所、站）
		专科疾病防治院（所、站）	8360	专科疾病防治院（所、站）
		疾病预防控制中心	8370	疾病预防控制中心
		其他卫生活动	8390	其他卫生活动
7	文化业（R）	新闻和出版业	8510	新闻业
			8521	图书出版
			8522	报纸出版
			8523	期刊出版
			8524	音像制品出版
			8525	电子出版物出版
			8529	其他出版业
		广播、电视、电影和影视录音制作业	8610	广播
			8620	电视
			8630	电影和影视节目制作
			8640	电影和影视节目发行
			8650	电影放映
			8660	录音制作
		文化艺术业	8710	文艺创作与表演
			8720	艺术表演场馆
			8731	图书馆
			8732	档案馆
			8740	文物及非物质文化遗产保护
			8750	博物馆

续表

编号	大类	子类	代码	行业名称
7	文化业（R）	文化艺术业	8760	烈士陵园、纪念馆
			8770	群众文化活动
			8790	其他文化艺术业
8	水利、环境和公共设施管理业（N）	水利管理业	7610	防洪除涝设施管理
			7620	水资源管理
			7630	天然水收集与分配
			7640	水文服务
		生态保护和环境治理业	7711	自然保护区管理
			7712	野生动物保护
			7713	野生植物保护
			7719	其他自然保护
			7721	水污染治理
			7722	大气污染治理
			7723	固体废物治理
			7724	危险废物治理
			7725	放射性废物治理
			7729	其他污染治理
		公共设施管理业	7810	市政设施管理
			7820	环境卫生管理
			7830	城乡市容管理
			7851	公园管理
			7852	游览景区管理

第五节 高端服务业的测度

一 服务业测度的一般性问题

相对于有形产品，无形服务的测度是比较困难的。到目前为止，国际上还没有建立起一套针对服务业的统计核算体系。目前，各国采用的还是适应工业时代而发展起来的一套统计核算体系，对服务业的核算还比较粗糙。这套针对产品而设计的统计核算体系在测算工业和农业增加值时问题不大，但在测算服务业时存在以下三个比较突出的问题。

（一）关于服务增量的测算

统计核算中，为了测算产品增量，一般通过价格指数缩减法和物量外推法来核算不变价增加值。由于服务的无形属性，对于大多数服务而言，人们很难找到一个像有形产品那样的合适测量其数量的物理单位，直接测算服务增量比较困难，因此服务业核算中通常采用价格指数缩减法。从国际上看，在绝大多数行业中，采用双缩法的国家要多于采用单缩法的国家，而我国由于统计基础比较薄弱，除少数行业采用单外推法外，其他行业均采用单缩法，而且我国采用的价格指数较为单一，主要为居民消费价格指数中的服务项目价格指数及相关子项目。例如，用居民消费价格指数中服务项所包含的交通费、洗理美容费、修理及其他服务费三项价格指数来核算社会工作的服务不变价格增加值，用居民消费价格指数中服务项所包含的医疗保健服务费价格指数来估算医疗卫生业的不变价增加值。还有一些用商品价格指数来核算服务不变增加值，如用批发零售业买卖商品的价格指数来估算批发零售业不变价增加值。由于很多生产性服务活动的对象不是居民，实际上并没有对应的消费价格指数，用居民消费价格指数的相关子项目作为代替会影响不变价增加值核算的准确性。此外，用商品价格指数来测算批发零售业不变价增加值的缺陷也是显而易见的。采用该商品的价格指数，是因为无法合理编制批发零售服务价格指数，但商品价格的变动在多大程度上能够反映把商品从生产者手中转移到消费者手中所提供的流通服务的"价格"变化，是非常值得怀疑的。随着商品批发零售价格的下降，很难说流通服务的价格也随之同比下降。

（二）关于服务质量的核算

顾客定制是服务业的精髓。由于服务过程中生产者与消费者接触互动的特点，服务具有很强的个性化特征，不能像工业那样通过大规模生产提高生产效率。服务业生产效率的提升，更多地体现在质量上而不是数量上。但是，按照现有的统计核算方法，只有数量和价格，没有反映质量变化的指标。质量变化只能反映在价格上，但在按不变价格核算服务增长量的时候，价格因素是要剔除的。这样一来，服务业核算就出现了一个奇怪的现象：如果按照现价核算，就会发现服务业占国民经济比重增长较快，但是如果按照不变价格核算，就会发现服务业的增长主要表现为价格上涨。不少服务业，尤其是以提供劳务为主的服务业，沿用现有方法核算的结果就表现为服务业劳动生产率上涨缓慢，甚至是"停滞"，出现鲍尔默所说的"成本病"问题，以至于该问题成为服务经济研究的基本问题。实际上，服务价格上涨可能正是服务质量提升的反映，因为较高质量意味着要支付较高的报酬，如果无法测量质量的提升，那么服务业的生产率看起来似乎就没有增长。一些按照细分行业价格指数测算的服务业不变价格增加值，通常被认为是没有问题的，但其实不然。如医疗服务保健价格指数，在指数编制的时候采用的是"次"和"天"等物理单位，但是这些单位很难衡量医疗服务的水平，因为医疗服务的个性特征特别强，几乎没有两次手术是完全一样的。用"次"或"天"作为测量医疗服务的物理单位来计算价格指数，必然会把价格变动以外因素所造成的价格变动全部计算到价格指数当中，但价格变动以外因素所引起的价格变动实际上是不应该包括在价格指数中的。此外，随着技术进步，很多服务的质量不断改善，有时服务质量的改善伴随着成本的上升，进而带来价格上升，这种质量改善带来的价格上涨也被计算到价格指数之中，在进行价格指数缩减的时候被扣除掉，使服务质量无从体现。在编制服务价格指数的时候如何对服务质量改善进行调整是各国遇到的普遍难题。

为了解决服务业核算的困难,一些研究者采用就业人数变化来估计第三产业不变价增加值。这种做法在数量经济史的研究中比较常见,一些国家(甚至是一些OECD成员)在国民经济核算中也有采用。但要说明的是,这样做的主要原因并不是认为第三产业的劳动生产率真的不变,而在于计算服务价格指数的困难。在实际操作中有两种方法:一种是对服务业就业人员数量变动整体作一次性外推,计算整个服务业的不变价增加值;另一种是对服务业所属各个小行业的就业人数变动分别外推,计算各小行业不变价增加值,然后再把各小行业的结果加总得到整个服务业的不变价增加值。前一种方法完全排除了服务业劳动生产率变化的可能性,后一种方法保留了服务业劳动生产率变动的可能。在后一种方法的情况下,如果劳动生产率高的小行业在整个服务业中的就业比重上升,那么整个服务业劳动生产率也会上升。

(三) 关于核算范围

核算范围上的缺陷几乎存在于所有的服务业。本应统计的东西却在核算过程中漏掉了,使核算结果只能包括整个服务活动的一部分,导致服务业增加值被低估。服务业核算范围不全主要体现在两个方面。一是很多服务难以纳入统计。按照现行统计核算体系,统计对象必须是通过市场完成的交易,如果是组织内部交易则要求必须是单独核算的组织。但是,大量服务是以个人或者家庭的形式提供的,如私塾教育、家庭住宿和餐饮等,并没有完整交易记录,无法进行有效统计。世界银行(1992)列举了一些没有被纳入统计的服务,主要有农村服务和城市中大量农村人口提供的服务,如鞋匠、保姆、饮食摊贩等。二是统计制度跟不上服务业发展变化。一方面,经济社会发展催生了大量服务新业态,如电子商务、网上支付等,这些服务业量大而面广,统计制度未能及时跟进,统计数据上也无从体现,这种情况长期存在。

另一方面，统计和相关行政部门对于服务业"大个体"疏于管理。服务业中"大个体"现象比较普遍，统计和管理部门对于一些收入很高的"大个体"仍然按照个体户对待，而这部分是不纳入统计范畴的。为了改善对服务业的统计，我国在1993—1994年进行了新中国成立以来的第一次第三产业普查。2004年，中央决定将工业普查、第三产业普查和基本单位普查整合为经济普查，每五年进行一次。通过经济普查，我国服务业统计核算范围不全问题有了一定的改善。① 不过，由于服务的个体化特性，实际上还有很多服务会在经济普查中被遗漏。

二 高端服务业的测度问题

在信息产业和知识产业的测度中，一直存在一个问题，就是到底要测度经济的信息化水平或知识化水平，还是要测度信息或知识的产业化水平。二者虽然有一定相关性，但是测度方法完全不同。从马克卢普和波拉特所使用的测度方法来看，显然他们都是要测度经济的信息化水平或知识化水平。马克卢普定义的知识产业的范围非常宽泛，甚至把家庭教育这种未被列入常规国民生产总值核算体系的经济活动也纳入其中。波拉特除了核算市场交易的一级信息部门，还核算非市场交易的二级信息部门。这些做法虽然在理论上正确，但是因为缺乏可用的统计资料，直接进行核算相当困难，只能根据相关资料估算，其准确性受到质疑。高端服务业测度也存在与信息产业和知识产业类似的问题。王廉（2009）提出的农业、工业、商业以及其他服务业中都存在高端服务业，李文秀、夏杰长（2011）提出的高端服务业不能完全以行业来划分等，指的就是这类现象。

---

① 经济普查对象包括全部法人单位、产业活动单位和个体经营户，在常规统计中被遗漏的规模以下单位以及个体户部分在经济普查中会补齐。

与信息产业和知识产业类似，高端服务业的测度也有两个方向。一个方向是测度高端服务的产业化水平，另一个方向是测度经济的高端服务化水平。参照信息产业和知识产业的测度方法，高端服务业的测度有两类六种方法。有些方法是在高端服务业研究中使用的方法，有些则是可以参照的方法。

对于高端服务产业化水平的测度，先要确定哪些行业属于高端服务业，然后根据国民经济核算数据进行测算。具体有以下两种方法。

第一种方法是开列行业法。直接套用国民经济核算分类标准，以行业为单位测算高端服务的产业化水平。具体做法是，按照高端服务业的定义，对照国民经济活动分类，确定哪些行业门类属于高端服务业，然后对这些属于高端服务业的行业门类按照统计数据进行测算。行业具体细分到什么程度，需要根据所能获得的统计数据来确定，现有研究一般按照门类测算。目前，通常把信息传输、软件和信息技术服务业，金融业，租赁和商务服务业，科学研究和技术服务业，以及文化、体育和娱乐业列为高端服务业。这种方法虽然存在一些问题，但有最为完整的核算体系和统计数据，是目前反映产业活动的最为直接和有效的方法，在研究中比较常用。

按照这个方法测算的结果与实际情况是有明显偏差的。在统计工作中，要做到严格按照国民经济活动分类区分经济活动非常困难，实际统计是针对法人单位、个体经营户和产业活动单位展开的。每一个统计单位至少有两种类型的经济活动，一种是对外提供产品或劳务的活动，另一种是为保障单位正常运转所从事的辅助活动。从事多种经营活动的单位，除了主要经济活动，还有次要经济活动。统计中，次要经济活动和辅助经济活动都被按主要经济活动进行归类。对于隶属于法人单位的产业活动单位，如果要纳入统计，则需要其有完整的会计核算资料。此外，我国实行规模以上统计，达到规模的单位才纳入统计。例如，工业法人单位要求年主营业务收入 2000 万元及以上，批发业法人单位要求年主营业务收入2000万元及以上，零售业法人单位要求年主营业务收入500万元及以上，住宿和餐饮业法人单位要求年主营业务收入200万元及以上。交通运输、仓储和邮政业，信息传输、软件和信息技术服务业，租赁和商务服务业，科学研究和技术服务业，水利、环境和公共设施管理业，教育，卫生和社会工作以及物业管理、房地产中介服务等行业的法人单位，要求年营业收入1000万元及以上，或年末从业人员50人及以上。因此，虽然理论上按照经济活动统计是最为准确的，但在统计实践中存在各种误差。按市场主体统计的结果与按经济活动统计的结果之间的误差仅为其中的一部分。此外，与按经济活动统计相比，按市场经济主体统计反映的是经济活动的市场化水平，因而更适合作为衡量产业发展水平的依据。

第二种方法是行业指标判定法。这种方法与第一种方法有些类似，都需要利用国民经济核算数据来测算，区别在于对于哪些行业属于高端服务业不是直接认定，而是设定一些指标和标准，以此来判定哪些行业属于高端服务业。具体做法是先确定高端服务业的认定指标和标准，然后对国民经济活动中的各服务行业进行计算，把那些符合标准的行业列为高端服务业，然后再对这些行业进行测算。这种方法目前在高端服务业研究中还没有使用，但是在知识密集型服务业研究中有一些应用。Windrum和Tomlinson（1998）曾使用投入产出法，将通信、金融、保险、房地产和商业服务业列为知识密集型服务业。Dathe和Schmid（2000）用员工教育水平、过程创新和产品创新三个指标，规定高于三个指标平均比率的产业（至少一个指标在平均比例以上）才能确定为知识密集型服务业。同上一种方法相比，这种方法对于高端服务业的界定更为客观，但是如果采用不同年份的数据，高端服务业所包含的行业可能就不一样，这样会导致在纵向比较时存在一些问题。

对于经济高端服务化水平的测度，不用区分服务业的具体行业，而是测算产业整体的高端化水平。目前，这种方法在高端服务业的研究中使用较少，但是在经济信息化和知识化测度的研究中使用较多，可以借鉴。这种测算大致有直接测算和间接测算两类，具体有以下四种方法。

第一种方法是经济活动测算法。就是按照高端服务的定义，将具有高端服务特征的经济活动作为对象进行测度，类似于马克卢普和波拉特所采用的方法。这种方法属于直接测算范畴。

第二种方法是指标比例法。先确定一些能够反映高端服务业核心特征的指标，如受过高等教育的员工或者高素质员工的工资报酬等，然后测算某个行业中这些指标在整体中所占的比重，如某行业受过高等教育的员工占该行业全部从业人员的比重或者高素质员工报酬占全部员工报酬的比例，再按照此比重估算该行业中高端服务增加值所占的比重。该方法也是对经济活动的测量，属于直接测算范畴。该方法虽然理论上不如上种方法精确，但是由于可以套用国民经济核算数据，在数据可获得性上更有优势，因此操作起来更为方便。

第三种方法是剩余法。该种方法借用了索洛全要素生产率测算"剩余法"的思路，在经济知识化及其测算中使用，即认为经济增加值增长是要素投入和知识进步带来的结果，扣除经济增长中要素带来的部分，剩余部分就是信息和知识带来的增长。产业高端服务化测算也可以套用该方法，即认为产业增长是要素投入和服务高端化带来的结果，扣除产业增长中要素带来的部分，剩余部分就是服务高端化带来的增长。该方法属于间接测算的范畴。

第四种方法是指标测算法。这种方法在经济信息化水平和经济知识化水平的测算中比较常用，即寻找那些能够反映信息化或知识化水平的指标，通过对这些指标的测算来反映信息化和知识化水平。如日本经济学家小松崎清介1965年提出的"信息化指数"算法，从人均使用函件数、人均年通长话次数、人均年报刊期发数、每百人电话机数、每万人计算机数、每百人长话线路数、每万人在校大学生数、个人中除衣食住外杂费比率等11项指标来测算经济信息化水平。OECD

的《科学技术与工业记分牌》从知识创造与传播、信息经济、经济活动的全球一体化、生产率和经济结构四个方面，分30个指标测度其成员的知识经济发展情况。经济高端服务化水平也可以套用这种思路，不过指标需要重新设计。该方法也属于间接测算范畴。

第二章
首都功能定位对北京高端服务业发展的要求

第一节 历史上首都功能定位对经济发展的影响

一 北京历史上的功能定位及产业政策

1949年中华人民共和国成立，定都北京。当时，北京还是一个生产十分落后的消费型城市。新中国政权尚未稳固，全国经济较为混乱，人民生活十分困苦。作为全国政治中心的首都，北京也要承担起全国经济中心的职责，起到示范带动全国、鼓舞激励人民的作用，以巩固国家政权、发展全国经济。正是在这种特殊的历史条件与社会背景下，北京开始了城市规划与建设的历程。

1953年，在新中国首都的第一个总体规划方案《改建与扩建北京市规划草案》中，明确了北京的城市功能，将北京定位为全国的政治、文化和经济中心，并特别强调了经济中心的重要地位，提出要把首都建设成具有一定规模的现代化工业城市。随后制定的1957年《北京城市建设总体规划初步方案（草案）》和1958年的《北京市总体规划说明（草稿）》中，对第一个总体规划方案做了部分修改，但是总体上并没有改变北京的城市功能定位。根据这个功能定位，在优先发展重工业思想的指导下，北京开展了以工业为中心的大规模建设。在新中国成立初期建设了一批无线电、棉纺织、机械、化工、钢铁和建材等工业项目。1958年后，北京实行向重化工业投资倾斜的政策，掀起大上工业的高潮，重点建设了冶金、机械、化工等基础工业。1961年后北京又建了一大批工业特别是重工业项目。

大力发展重化工业对首都经济的恢复、城市的发展以及产业结构的升级起到了巨大推动作用，但其弊端也日益暴露出来：一方面是工业造成了严重的环境污染和资源枯竭；另一方面是强调经济中心地位对其政治和文化发展形成挤出效应，不利于其发挥首都职能。1980年，中共中央总结新中国成立三十多年来首都建设的经验，作了关于首都建设方针的"四项指示"，提出：第一，要把北京建设成为全中国、全世界社会秩序、社会治安、社会风气和道德风尚最好的城市；第二，要把北京变成全国环境最清洁、最卫生、最优美的第一流的城市；第三，要把北京建成全国科学、文化、技术最发达，教育程度最高的第一流的城市；第四，要使北京经济上不断繁荣，人民生活方便、安定，要着重发展旅游事业、服务行业、食品工业、高精尖的轻型工业和电子工业……①根据"四项指示"的精神，1982年北京市正式提出《北京城市建设总体规划方案》，确定了北京的城市性质是全国的政治中心和文化中心。1983年，中共中央、国务院原则上批准了这一方案，并作了极其重要的10条批复。明确规定：北京是全国的政治中心和文化中心，首都各项事业的发展必须服从和充分体现这一性质；工业规模要严加控制，工业发展应主要依靠科学技术进步，今后北京不要发展重工业，而要发展适合首都特点的经济。从此以后，"大工业、大城市"的思想不再是首都建设的指导思想。此后制定的几版北京城市规划，均未再提及北京的经济功能，而是逐步明确了更能体现

---

① 《1980年4月21日中央对首都建设方针作出指示》，人民网（http://cpc.people.com.cn/GB/64162/64165/78561/79768/5601014.html）。

首都特色的城市功能。

1990年，《北京城市总体规划（1991—2010）》在上述基础上增添了国际交往中心的定位，又明确不再发展重工业，并提出要大力发展适合首都特点的经济。1995年，中央和国务院重新强调了首都的"四个服务"功能，即北京作为国家首都和世界历史文化名城，要着眼于更好地为党政军领导机关服务，为日益扩大的国际交往服务，为国家教育、科技、文化和卫生事业的发展服务，为市民的工作和生活服务。1997年，中共北京市第八次党代会进而提出，要发展立足首都、服务全国、走向世界，能够充分体现北京城市性质和功能、充分发挥首都比较优势，结构优化、布局合理、技术密集、高度开放、资源节约、环境洁净的"首都经济"。

根据北京市的功能定位和城市总体规划，2001年《北京市国民经济和社会发展第十个五年计划纲要》中提出了产业结构调整的目标，明确提出加快发展现代服务业，促进第三产业优化升级，同时大力发展高新技术产业，改造提升传统产业，并提出重点发展电子信息、生物工程和新医药、光机电一体化、新材料、环保与资源综合利用五大行业。

2004年国务院通过的《北京城市总体规划（2004年—2020年）》一改以往提了几十年的"国家政治、文化中心"的定位，将未来北京的发展目标定位于：国家首都、世界城市、文化名城，并首次提出了"宜居城市"概念。围绕新的城市功能定位，2006年《北京市国民经济和社会发展第十一个五年计划发展纲要》中提出进一步推进产业优化升级，走高端产业发展之路。把现代服务业发展放在优先位置，大力发展高新技术产业，适度发展现代制造业，并提出第二产业重点发展软件产业、研发产业、信息服务业、移动通信业、计算机及网络业、集成电路业、光电显示业、现代生物产业，第三产业重点发展金融业、文化创意产业、房地产业、旅游会展业、现代物流业、商贸商务服务业的具体目标。

从北京市产业政策的演变过程可以看出，对北京市产业政策影响最为关键的政策是北京作为首都的城市功能定位。这个定位决定了北京产业政策的方向，而产业政策基本是作为城市功能定位的细化措施而展开的。不过，北京的城市功能定位取决于中央，这是由北京作为全国政治中心这一核心首都城市功能所决定的，是北京不同于国内其他城市的最重大、最显著的区别，也是其他城市所不可比拟、无法模仿的特殊之处。

二 北京产业政策对于其产业发展的影响

从北京产业实际发展情况来看，产业政策的影响非常明显。新中国成立后，根据经济中心的功能定位，北京开展了以工业为中心的大规模建设，1957 年全市工业总产值达到 23 亿多元，比 1949 年增长了 10 倍以上。到 1970 年，北京的工业构成中，重工业总产值的比例高达 65.7%，超过上海、天津，仅次于辽宁，居全国第二位，成为中国最重要的重化工业基地之一。三次产业比重由 1952 年时的 22.2∶38.7∶39.1 变为 10.2∶71.1∶18.7，基本形成了重工业占主导地位的"二三一"产业结构。

20 世纪 80 年代以来，随着城市功能定位的调整，北京市开始调整产业结构，压缩工业，发展第三产业。进入 90 年代后，北京市政府根据当时经济发展状况以及申办奥运的要求，积极发展服务业，加大技术引进力度，对传统工业进行改造和升级，淘汰"三高"和低附加值行业。同时，为了减少污染对环境的影响，政府要求将城中的工业企业大量迁往郊区，在城市中心区只保留商业、金融、信息咨询和科研、教育、文化等服务性行业。此外，还充分利用北京技术、信息集聚的资源优势，促成企业和高校、科研机构及跨国公司的多方合作，积极扶持高新技术企业的发展。在政府的积极推动下，第二产业增加值比重和就业比重快速下降，第三产业产值比重和就业比重快速上升，并且在1993年双双超过第二产业，三次产业结构从1980年的4.4∶68.9∶23.7转变为2010年的0.9∶24∶75.1。经过三十多年的发展，第三产业成为北京经济的绝对支柱产业。随着产业结构的调整，单位GDP能源消耗水平和水耗水平逐步降低，环境质量逐步得到改善，如表2-1和表2-2所示。

表2-1　　　　　　　　北京市万元GDP能耗和水耗

年份	万元GDP能耗（吨标煤）	万元GDP水耗（立方米）
1980	13.71	—
1981	13.67	—
1982	12.40	—
1983	10.84	—
1984	9.90	—
1985	8.60	—
1986	8.42	—
1987	7.58	—
1988	6.37	—
1989	5.82	—
1990	5.41	—
1991	4.80	—
1992	4.21	—
1993	3.68	—
1994	2.96	—
1995	2.34	—
1996	2.09	—
1997	1.79	—
1998	1.60	—
1999	1.46	—
2000	1.31	—

续表

年份	万元 GDP 能耗（吨标煤）	万元 GDP 水耗（立方米）
2001	1.14	104.91
2002	1.03	80.19
2003	0.93	71.50
2004	0.85	57.35
2005	0.79	49.50
2006	0.73	42.25
2007	0.64	35.34
2008	0.57	31.58
2009	0.54	29.92
2010	0.49	24.94

资料来源：《北京统计年鉴2011》，"—"表示缺乏对应数据。

表 2-2　　　　　　　　北京市环境质量情况

年份	城市绿化覆盖率（%）	空气质量（总悬浮颗粒物/可吸入颗粒物）（毫克/立方米）	化学需氧量（COD）排放量（万吨）
1980	20.10	—	—
1981	20.10	—	—
1982	20.10	—	—
1983	20.10	—	—
1984	20.10	—	—
1985	20.10	—	—
1986	22.86	—	—
1987	22.90	—	—
1988	25.00	—	—
1989	26.00	—	—
1990	28.00	—	—
1991	28.43	0.310	—
1992	30.33	0.380	—
1993	31.33	0.348	—

续表

年份	城市绿化覆盖率（%）	空气质量（总悬浮颗粒物/可吸入颗粒物）（毫克/立方米）	化学需氧量（COD）排放量（万吨）
1994	32.39	0.395	—
1995	32.68	0.377	—
1996	33.24	0.371	—
1997	34.22	0.378	—
1998	34.91	0.364	—
1999	36.30	0.353	—
2000	36.54	0.162	17.9
2001	38.78	0.165	17.0
2002	40.57	0.166	15.3
2003	40.87	0.141	13.4
2004	41.91	0.149	13.0
2005	42.00	0.142	11.6
2006	42.50	0.161	11.0
2007	43.00	0.148	10.7
2008	43.50	0.122	10.1
2009	44.40	0.121	9.9
2010	45.00	0.121	9.2

资料来源：《北京统计年鉴2011》，空气质量中的1991—1999年为总悬浮颗粒物数据；2000—2009年为可吸入颗粒物数据；"—"表示缺乏对应数据。

按照《北京市国民经济和社会发展第十个五年计划纲要》和《北京市国民经济和社会发展第十一个五年计划纲要》的要求，北京市重点支持的若干产业也取得了明显进展，部分产业的发展数据如表2-3所示。不过，政策重点支持产业的表现不一。有的发展迅速，如文化创意产业、现代服务业；有的则进展缓慢，如现代制造业和物流业。这说明政策对产业发展的促进作用有限，必须与市场选择相一致才能取得比较好的政策效果。

表 2-3　　北京市重点支持的部分产业的发展情况

产业＼产值（亿元）＼年份	2004	2005	2006	2007	2008	2009	2010
文化创意产业	613.7	651.0	784.4	961.6	1346.4	1489.9	1697.7
信息产业	867.3	1152.7	1344.5	1668.3	1759.8	1762.9	1989.2
高技术产业	370.6	504.4	606.4	729.6	852.3	778.4	888.8
现代制造业	—	602.7	679.7	779.3	836.2	895.2	1082.3
现代服务业	2669.6	3206.8	3870.0	4933.1	5660.0	6264.7	7026.3
信息服务业	—	721.5	843.8	1047.0	1195.2	1267.6	1445.3
物流业	—	—	368.0	383.5	423.4	427.7	493.7

资料来源：《北京统计年鉴 2011》。"—"表示缺乏对应数据。

从历史来看，我国产业政策对产业发展的影响有两个特点：一是限制性政策效果比较明显，而促进性政策效果相对而言并不显著；二是随着市场化水平的提高，政策对产业发展的作用越来越小，对于促进性政策尤其如此。在计划经济年代，政府的促进性政策可以通过计划得以落实，随着市场力量成长，政府干预经济的能力相对弱化，从而政策促进效果更多地取决于市场本身的发展。

第二节　新时代首都功能定位及其对经济发展的要求[①]

一　新时代首都功能定位

2014 年 2 月 24—26 日，习近平视察北京，首次提出北京作为首都的全国政治中心、文化中心、国际交往中心、科技创新中心（以下简

---

① 这部分的内容主要根据《北京城市总体规划（2016 年—2035 年）》编写。

称"四个中心")核心功能定位。之后,中央制定的《京津冀协同发展纲要》将"四个中心"明确为首都功能。2017年9月出台的《北京城市总体规划(2016年—2035年)》(以下简称《北京新总规》)进一步将"四个中心"明确为北京城市战略定位,并强调北京的一切工作必须坚持这一定位。

《北京新总规》是2035年前北京市城市发展各项工作的顶层设计。根据《北京新总规》要求,北京要以建设国际一流和谐宜居之都为目标。北京"四个中心"建设的内容如下。

(1)政治中心建设要为中央党政军领导机关提供优质服务,全力维护首都政治安全,保障国家政务活动安全、高效、有序运行,严格规划,高度管控,治理安全隐患,以更大范围的空间布局支撑国家政务活动。

(2)文化中心建设要充分利用北京文脉底蕴深厚和文化资源集聚的优势,发挥首都凝聚荟萃、辐射带动、创新引领、传播交流和服务保障功能,把北京建设成为社会主义物质文明与精神文明协调发展,传统文化与现代文明交相辉映,历史文脉与时尚创意相得益彰,具有高度包容性和亲和力,充满人文关怀、人文风采和文化魅力的中国特色社会主义先进文化之都。

(3)国际交往中心建设要着眼承担重大外交外事活动的重要舞台,服务国家开放大局,持续优化为国际交往服务的软硬件环境,不断拓展对外开放的广度和深度,积极培育国际合作竞争新优势,发挥向世界展示我国改革开放和现代化建设成就的首要窗口作用,努力打造国际交往活跃、国际化服务完善、国际影响力凸显的重大国际活动聚集之都。

(4)科技创新中心建设要充分发挥丰富的科技资源优势,不断提高自主创新能力,在基础研究和战略高技术领域抢占全球科技制高点,加快建设具有全球影响力的全国科技创新中心,努力打造世界高端企业总部聚集之都、世界高端人才聚集之都。

与新时代中国特色社会主义建设阶段相衔接,国际一流和谐宜居之都的建设分为三个阶段:2020 年,建设国际一流的和谐宜居之都取得重大进展;2035 年初步建成国际一流的和谐宜居之都;2050 年全面建成更高水平的国际一流的和谐宜居之都。2020 年要达到的目标是:中央政务、国际交往环境及配套服务水平得到全面提升;初步建成具有全球影响力的科技创新中心;全国文化中心地位进一步增强,市民素质和城市文明程度显著提高;人民生活水平和质量普遍提高,公共服务体系更加健全,基本公共服务均等化水平稳步提升;生态环境质量总体改善,生产方式和生活方式的绿色低碳水平进一步提升。2035 年要达到的目标是:拥有优质政务保障能力和国际交往环境,成为全球创新网络的中坚力量和引领世界创新的新引擎,彰显文化自信与多元包容魅力的世界文化名城,生活更方便、更舒心、更美好的和谐宜居城市和天蓝、水清、森林环绕的生态城市。2050 年要达到的目标是:具有广泛和重要国际影响力的全球中心城市、世界主要科学中心和科技创新高地,弘扬中华文明和引领时代潮流的世界文脉标志,富裕文明、安定和谐、充满活力的美丽家园,全面实现超大城市治理体系和治理能力现代化。

二 首都功能定位对北京城市发展的限制性要求

《北京新总规》从总量、区域和产业三个方面对北京城市发展提出了明确要求,做出了一些限制性规定。

(一) 总量限制

1. 人口规模限制

按照以水定人的要求,根据可供水资源量和人均水资源量,确定北京市常住人口规模要从 2015 年的 2170.5 万人到 2020 年控制在 2300

万人以内，2020年以后长期稳定在这一水平。其中，城六区常住人口在2015年1282.8万人的基础上每年降低2—3个百分点，争取到2020年下降约15个百分点，控制在1085万人左右，到2035年控制在1085万人以内。

2. 用地规模限制

永久性城市开发边界范围原则上不超过市域面积的20%。到2020年全市生态控制区面积约占市域面积的73%，到2035年全市生态控制区比例提高到75%，到2050年提高到80%以上。严格落实土地用途管制制度。到2020年全市建设用地总规模（包括城乡建设用地、特殊用地、对外交通用地及部分水利设施用地）控制在3720平方千米以内，到2035年控制在3670平方千米左右。促进城乡建设用地减量提质和集约高效利用，城乡建设用地规模到2020年由现状2921平方千米减到2860平方千米左右，到2035年减到2760平方千米左右。城乡产业用地占城乡建设用地比重到2020年由现状27%下降到25%以内，到2035年下降到20%以内。降低平原地区开发强度，到2020年平原地区开发强度由现状46%下降到45%以内，到2035年力争下降到44%。

3. 生态环境控制

在正常气象条件下，到2020年大气中细颗粒物（PM2.5）年均浓度由2015年的80.6微克/立方米下降到56微克/立方米左右，到2035年大气环境质量得到根本改善，到2050年达到国际先进水平。到2020年，单位地区生产总值水耗比2015年降低15%，到2035年降低40%。到2020年，单位地区生产总值能耗比2015年降低17%，单位地区生产总值二氧化碳排放比2015年降低20.5%。

（二）区域限制

1. 两线三区全域空间管制

市域空间分为两线三区，即城市开发边界和生态控制线把市域空间分为集中建设区、限制建设区和生态控制区。目前生态控制区和集中建设区以外为限制建设区,约占市域面积的13%。要通过集体建设用地腾退减量和绿化建设,限制建设区用地逐步划入生态控制区和集中建设区。到2020年集中建设区(城市开发边界内)面积约占市域面积的14%。到2050年实现两线合一,全市生态控制区比例提高到市域面积的80%以上。

2. 分区功能管制

一是核心区。包括东城区和西城区,是全国政治中心、文化中心和国际交往中心的核心承载区。其功能是全力做好"四个服务"。其主要工作是有序疏解非首都功能,加强环境整治,优化提升首都功能。

二是中心城区。包括朝阳、海淀、石景山、丰台,是全国政治中心、文化中心、国际交往中心、科技创新中心的集中承载地区,是疏解非首都功能的主要地区。其主要工作是以疏解非首都功能、治理"大城市病"为切入点,完善配套设施,保障和服务首都功能的优化提升。严格控制城市规模。中心城区城乡建设用地到2020年由现状约910平方千米减到860平方千米左右,到2035年减到818平方千米左右。同时,压缩中心城区产业用地,增加居住及配套服务设施用地和绿地、公共服务设施和交通市政基础设施用地。中心城区规划总建筑规模动态"零增长"。到2020年中心城区集中建设区常住人口密度由2015年的1.4万人/平方千米下降到1.2万人/平方千米左右,到2035年控制在1.2万人/平方千米以内。

三是通州区。通州作为城市副中心,是北京新两翼中的一翼。其主要工作是紧紧围绕对接中心城区功能和人口疏解,形成配套完善的城市综合功能。到2020年北京城市副中心常住人口规模调控目标为100万人左右;到2035年常住人口规模调控目标为130万人以内,就业人口规模调控目标为60万—80万人,承接中心城区40万—50万常住人口疏解。

四是多点地区。包括顺义、大兴、亦庄、昌平、房山的新城等地区，既是首都面向区域协同发展的重要战略门户，也是承接中心城区适宜功能、服务保障首都功能的重点地区。

五是生态涵养区。包括门头沟、怀柔、密云、平谷、延庆和房山及昌平的山区。其功能是首都重要的生态屏障和水源保护地，以保障首都生态安全为主要任务。只能适度承接与绿色生态发展相适应的科技创新、国际交往、会议会展、文化服务、健康养老等部分功能。

（三）产业限制

全市严禁发展一般性制造业的生产加工环节，坚决退出一般性制造业，严禁再发展高端制造业的生产加工环节，淘汰污染较大、耗能耗水较高的行业和生产工艺，关闭金属非金属矿山，退出高风险的危险化学品生产和经营企业。疏解区域性物流基地、区域性专业市场等。疏解部分普通高等学校本科教育、中等职业教育、以面向全国招生为主的一般性培训机构和具备条件的文化团体。严禁高等学校扩大占地规模，严控新增建筑规模，严控办学规模。同时，腾笼换鸟，大力发展服务经济、知识经济、绿色经济，构建"高精尖"经济结构，重点推进基础科学、战略前沿技术和高端服务业创新发展。

三　首都功能定位对北京高端服务业发展的要求

《北京新总规》从"四个中心"城市战略定位出发，明确把金融、科技、信息、商务和文化创意等高端服务业作为北京未来产业发展的主要方向，并对北京高端服务业的发展作了总体布局和安排。

（一）全力打造科技创新中心和文化中心

北京"四个中心"的城市战略定位中，直接具备产业功能的只有全国科技创新中心和文化中心。打造这两个中心，能够形成研发、科技服务、高新技术、旅游、文化创意等产业。与全国科技创新中心和文化中心相对接，北京不仅要把科技创新和文化产业作为确立现代产业体系的主攻方向，还要充分发挥这方面的资源优势、人才优势和内生知识财富积累的优势，多创造原创性、颠覆性、关键性和具有国际影响力的科技创新成果和文化产品。鉴于此，《北京新总规》明确要求在高质量发展中，必须全力打造具有国际影响力的科技创新中心，为建设创新型国家起引领和示范作用；必须全力打造全国文化中心，增强文化自信，展示中国文化风采，拓展国际文化的影响力和话语权。同时，《北京新总规》对科技创新中心建设和文化中心建设做了明确的空间布局安排。

1. 科技创新中心建设安排

一是突出高水平的"三城一区"建设和新机场建设，着力打造首都经济发展的新高地。对怀柔科学城的布局，要东扩至密云区，规划建设面积由原来的 41.2 平方千米，扩展为 100.9 平方千米。北京经济技术开发区要转型升级为国家级智能制造示范区，新机场区要围绕航空运输业开展科技创新活动。要求中关村科学城成为原始创新策源地和自主创新主阵地，怀柔科学城成为与国家战略需要相匹配的世界级原始创新承载区，未来科学城成为全球领先的技术创新高地、协同创新先行区和创新创业示范区。

二是以创新型产业集群和"中国制造 2025"创新引领示范区为平台。围绕技术创新，以大工程大项目为牵引，促进科技创新成果产业化，重点发展节能环保、集成电路和新能源等"高精尖"产业，着力打造以亦庄、顺义为重点的创新驱动发展的前沿阵地。

三是发挥中关村国家自主创新示范区主要载体的作用，形成央地协同、校企结合、军民融合、全球合作的科技创新发展大格局。

四是优化创新环境，服务创新人才。着力构建充满活力的科技管理和运行机制，加强"三城一区"科技要素流动和对接，完善配套政策，为科技人才工作和生活提供优质服务。要打造一批有多元文化、创新事业、生活宜居、服务保障的特色区域，为国际国内人才创新创业搭建良好的承载平台。要在望京地区、中关村大街、未来科学城和首钢等区域打造若干个国际人才社区。

2. 文化中心建设安排

一是优化文化中心建设布局。以强化历史文化名城保护为基础和前提，在完善保护体系中寻求资源可利用的路径。这种布局思路集中体现在四个方面：第一，加强大运河文化带、长城文化带和西山永定河文化带的保护利用；第二，构建中轴线、长安街延长线的城市景观格局；第三，加强三山五园（香山、玉泉山、万寿山，静宜园、静明园、颐和园、圆明园和畅春园）地区的保护；第四，塑造传统文化与现代文明交相辉映的城市特色风貌，将中心城区分为古都风貌区（二环路以内）、风貌控制区（二环路与三环路之间）和风貌引领区（三环路以外）三部分，在中心城以外地区分别建设具有平原特色、山前特色和山区特色的三类风貌区。按照这种布局思路，《北京新总规》强调要构建城市整体景观格局，强化城市色彩管控，完善建筑设计管理机制，优化城市公共空间，打造精品力作，提升城市魅力和活力，建设国际一流的高品质文化设施。在此基础上，《北京新总规》要求建设现代公共文化服务体系，推进首都文明建设，发展文化创意产业，深化文化体制机制改革，形成涵盖各区、辐射京津冀、服务全国、面向世界的文化中心发展格局，不断提升文化软实力和国际影响力，推动北京向世界文化名城、世界文脉标志的目标迈进。

二是加强高水平文化设施建设。《北京新总规》要求完善重大功能性文化设施布局，深入挖掘核心区文化内涵，扩大"金名片"的影响力。北部完善以奥林匹克中心区为重点的国家体育文化功能。东部以城市副中心为载体承传大运河文化，建设服务市民的文化设施集群。西部重点建设首钢近代工业遗产文化区。南部通过南苑地区改造预留发展用地，塑造未来首都文化新地标。要发挥现有文化功能区的示范引领作用，包括中关村国家级文化与科技融合示范基地、国家文化产业创新实验区、国家对外文化贸易基地（北京）、中国（怀柔）影视产业示范区、2019年中国北京世界园艺博览会、北京环球主题公园及其度假区等，有效形成分工合理、各具特色的文化功能区发展布局。要加强国家级标志性文化设施和院团建设，培育世界一流文艺院团，形成具有国际影响力的文化品牌。

三是发展文化产业。在文化产业发展方面，要优化提升文化艺术、新闻出版、广播影视等传统优势行业，发展壮大设计服务、广告会展、艺术品交易等创意交易行业，积极培育文化科技融合产业。要推进文化创意、设计服务与高端制造业、商务服务业、信息业、旅游业、农业、体育业、金融业、教育服务业等领域的融合发展，打造北京设计和北京创造品牌。聚焦文化生产前端，鼓励创意、创作和创造，建设创意北京，使北京成为传统文化元素和现代时尚符号汇集融合的创意之都。同时，要着力提升文化的国际影响力。《北京新总规》要求以各类文化资源为载体，搭建多种类型、不同层级的文化展示平台，充分运用数字传媒、移动互联等科技手段，构建立体、高效、覆盖面广、功能强大的国际传播网络。要开展重大文化活动和国际文化交流合作，发挥首都的示范带头作用，打造一批展现中国文化自信和首都文化魅力的文化品牌。要讲好"中国故事"，传播好中华文化，不断扩大文化竞争力和影响力。

（二）聚焦高端服务业发展

北京在高端服务业高质量发展方面，不仅具有科技和文化资源优势，而且具有金融业和商务服务业的资源优势与内在高质量发展的巨大潜力。北京作为全国金融管理中心和国际金融总部机构聚集地，高端金融人才集中度位居全国首位，金融市场较为完备，包括拥有全国最大的信贷、保险、债券发行、融资融券和资金清算市场以及三板市场和银行间同业拆借市场等。北京作为全国高端商务服务业集聚之地，高端商务服务人才荟萃，国内外顶级的企业管理机构和市场调研咨询机构众多，旅游会展业非常发达，具备优质高效发展商务服务业的内在动力。由此，与科技、信息和文化产业相融合，铸就了北京高端服务业集聚发展的大格局。

在高质量发展和确立现代产业体系的新形势下，为加快北京高端服务业的集聚、融合发展，《北京新总规》提出要优化高端服务业的发展布局。基本思路是：北京商务中心区（以下简称CBD）、金融街、中关村西区和东区、奥林匹克中心区等发展较为成熟的功能区，要提高国际竞争力；北京城市副中心运河商务区和文化旅游区、新首钢高端产业综合服务区、丽泽金融商务区、南苑—大红门地区等有发展潜力的功能区，要为高端服务业发展提供新的承载空间。这一思路表明，北京高端服务业的发展必须向东西部和南部拓展，不能再过度集中于中心城区。北京中心城区的高端服务业的发展必须疏解低端产业，按照国际高标准，提质增效，辐射全国乃至世界，成为具有全球影响力的高端服务业集聚区。

在北京高端服务业发展业态方面，《北京新总规》明确要求要聚焦价值链高端环节，促进金融、科技、信息、文化创意和商务服务等现代服务业的创新发展、融合发展和高端发展，培育发展新兴业态，培育和壮大与首都功能定位相匹配的总部经济，支持引导在京创新型总部企业发展。

对于北京高端服务业的综合集聚发展，《北京新总规》划定了十个区域，并对每个区域的发展重点作了定位。

一是北京商务中心区。北京商务中心区是国际金融功能和现代服务业集聚地和国际化大都市风貌集中展现区，应构建产业协同发展体系，加强信息化基础设施建设，提供国际水准的公共服务。

二是金融街。金融街集聚了大量金融机构总部，是国家金融管理中心，应促进金融街发展与历史文化名城保护、城市功能提升有机结合，完善商务、生活、文化等配套服务设施，增强区域高端金融要素资源承载力，对金融街周边疏解腾退空间资源有效配置，进一步集聚金融功能。

三是中关村。中关村西区是科技金融、智能硬件、知识产权服务等"高精尖"产业重要集聚区，应建设成为科技金融机构集聚中心，形成科技金融创新体系；中关村东区应统筹利用中国科学院空间和创新资源，建成高端创新要素集聚区和知识创新引领区。

四是奥林匹克中心区。奥林匹克中心区是集体育、文化、会展、旅游、科技、商务于一体的现代体育文化中心区，应突出国际交往、体育休闲、文化交流等功能，提高国家会议中心服务接待能力，促进多元业态融合发展。

五是城市副中心运河商务区。城市副中心运河商务区是承载中心城区商务功能疏解的重要载体，应建成以金融创新、互联网产业、高端服务为重点的综合功能区，集中承载京津冀协同发展的金融功能；城市副中心文化旅游区应以环球主题公园及其度假区为主，重点发展文化创意、旅游服务和会展等产业。

六是新首钢高端产业综合服务区。新首钢高端产业综合服务区是传统工业绿色转型升级示范区、京西高端产业创新高地和后工业文化体育创意基地，应加强工业遗存保护利用，重点建设首钢老工业区的北区，打造国家体育产业示范区。

七是丽泽金融商务区。丽泽金融商务区是新兴金融产业集聚区和首都金融改革试验区，应重点发展互联网金融、数据金融、金融信息、金融中介、金融文化等新兴业态，主动承接金融街和北京商务中心区的配套辐射功能，强化智慧型精细化管理。

八是南苑—大红门地区。南苑—大红门地区是带动南部地区发展的增长极，利用南苑机场搬迁、南苑地区升级改造和大红门地区功能疏解，带动周边地区城市化建设，建成集行政办公、科技文化、商务金融等功能于一体的多元城市综合区。

九是首都国际机场临空经济区。首都国际机场临空经济区应完善国际机场功能，建设世界级航空枢纽，促进区域功能融合创新和港区一体化发展。要充分发挥天竺综合保税区的政策优势，形成以航空服务、通用航空为基础，以国际会展、跨境电商、文化贸易、产业金融等高端服务业为支持的产业集群。

十是北京新机场临空经济区。北京新机场临空经济区应有序发展科技研发、跨境电商、金融服务等高端服务业，打造以航空物流、科技创新、服务保障三大功能为主的国际化和高端化的临空经济区。

上述对北京高端服务业综合集聚区的划定及对各集聚区发展定位，既考虑了产业发展的现实基础，也体现了未来发展的规划要求。按照规划要求，北京高端服务业将呈现出各自集聚特色高标准发展，空间布局相对均衡、相互协同促进的特征，不会因同质恶性竞争而影响高端服务业的整体发展。

第三章
北京高端服务业发展现状及存在的问题

第一节 北京高端服务业发展的总体情况

2014年以来,按照习近平视察北京的系列讲话精神,北京开始了非首都功能疏解工作。在疏解、整治、促提升过程中,北京着力构建"高精尖"产业结构,大力发展高端服务业,取得一定效果。

一 快速发展

2013—2017年,北京高端服务业占地区生产总值的比重从2013年的49.3%上升到2017年的54.4%,年复合增长率为9.8%,不但大大高于地区生产总值6.9%的增长速率,也明显高于服务业7.5%的增长率,如表3-1所示。其中,第一梯队是信息传输、软件和信息技术服务业,金融业,科学研究和技术服务业。这三个产业不但增长迅速,且占地区生产总值比重均超过10%,成为引领北京经济发展的"三驾马车"。第二梯队是教育、卫生和社会工作,增长也很显著,虽然目前占地区生产总值的比重还不高,但从世界发展经验来看,随着人们生活水平的提高,这些产业市场需求很大,有很大发展空间。值得注意的是水利、环境和公共设施管理业,虽然占地区生产总值的比重还不到1%,但发展速度非常快。该行业的快速发展反映了北京经济发展的绿色转型,也会随着绿色发展的不断深入而不断壮大。

表3-1   2013—2017年北京高端服务业增长情况①

行业	占地区生产总值比重(%)		年复合增长率(%)
	2013年	2017年	
信息传输、软件和信息技术服务业	9.4	11.3	12.1
金融业	14.5	16.6	11.6
租赁和商务服务业	7.7	7.0	2.1
科学研究和技术服务业	8.8	10.2	11.3
水利、环境和公共设施管理业	0.6	0.9	11.5
教育	4.1	4.8	9.6
卫生和社会工作	2.1	2.5	9.7
文化、体育和娱乐业	2.2	2.1	3.6
高端服务业合计	49.3	54.4	9.8
服务业	77.6	80.6	7.5
地区生产总值	100.0	100.0	6.9

资料来源:根据《北京统计年鉴2017》和《北京市2017年国民经济和社会发展统计公报》的有关数据计算,详见北京市统计局网站(http://edu.bjstats.gov.cn/)。

二 高收益发展

北京的产业以服务业为主,而服务业收益主要来源于高端服务业,近七成的新增加值来自高端服务业。高端服务业的人均创造价值为23.2万元/人,明显高于服务业20.2万元/人的水平。但8个行业中只有金融业,信息传输、软件和信息技术服务业以及体育和娱乐业三个行业的劳动生产率高于服务业平均水平(见表3-2)。对比表

---

① 占地区生产总值比重按现价计算,增长率按可比价格计算。

3-2和表3-3可以发现,在规模以上企业中,高端服务业的收益优势更为明显。规模以上高端服务业以59.3%的从业人员和46.1%的收入,实现了85.4%的利税。实际上,第三产业规模以上企业的收益远大于第三产业增加值(见表3-4),是第三产业盈利的真正来源。从规模以上企业看,金融业,租赁和商务服务业以及信息传输、软件和信息技术服务业这三个行业的盈利能力最强,它们利税之和占全部高端服务业的比重高达84.5%,是高端服务业收益的主要来源。

表3-2　　2016年北京高端服务业新创造价值和劳动生产率[①]

行业	新创造价值[②]		人均创造价值[③]（万元/人）
	绝对额（亿元）	占服务业比重（%）	
信息传输、软件和信息技术服务业	2427.7	13.5	26.1
金融业	4121.4	22.9	76.6
租赁和商务服务业	1667.3	9.2	9.9
科学研究和技术服务业	1907.6	10.6	19.1
水利、环境和公共设施管理业	179.6	1.0	14.0
教育	984.4	5.5	18.8
卫生和社会工作	586.7	3.3	19.2
文化、体育和娱乐业	502.1	2.8	21.5
高端服务业合计	12376.8	68.0	23.2
服务业	18029.3	100.0	20.2

资料来源:根据《北京统计年鉴2017》有关统计数据计算,详见北京市统计局网站(http://edu.bjstats.gov.cn/)。

① 本表按照收入法数据计算各行业数据。
② 新创造价值包括劳动者报酬和利税,没有包含折旧。
③ 就业人数采用法人单位从业人员数据。

表 3-3　　2016 年规模以上高端服务业从业人员和收益情况

行业	从业人员 数量（万人）	从业人员 占比（%）	总收入 数额（亿元）	总收入 占比（%）	利税总额 数额（亿元）	利税总额 占比（%）
信息传输、软件和信息技术服务业	76.3	12.0	7873.3	6.7	1841.1	7.5
金融业	50.0	7.9	22661.5	19.4	14488.6	57.7
租赁和商务服务业	98.1	15.4	9017.2	7.7	4524.2	17.0
科学研究和技术服务业	60.5	9.5	8195.9	7.0	457.1	2.3
水利、环境和公共设施管理业	10.1	1.6	648.4	0.6	41.5	0.2
教育	40.3	6.3	1942.2	1.7	18.0	0.1
卫生和社会工作	26.0	4.1	1845.9	1.6	-6.0	0.0
文化、体育和娱乐业	15.8	2.5	1658.8	1.4	107.2	0.6
高端服务业合计	377.1	59.3	53843.2	46.1	21471.7	85.4
服务业	635.5	100.0	116751.1	100.0	23973.9	100.0

资料来源：根据《北京统计年鉴 2017》有关数据计算，详见北京市统计局网站（http://edu.bjstats.gov.cn/）。

表 3-4　2011—2017 年北京第三产业增加值与第三产业规模上以上企业利税比较

年份	增加值[①]（亿元）	规模以上企业利税之和（亿元）
2011	12740.2	15132.0
2012	14141.7	18901.2
2013	15777.4	23826.0
2014	17121.5	26599.7
2015	18884.7	31478.1
2016	20594.9	29902.0

资料来源：根据《北京统计年鉴 2017》有关统计数据计算。详见北京市统计局网站（http://edu.bjstats.gov.cn/）。

---

① 增加值按现价计算。

三 高质量发展

北京高端服务业的发展,不仅体现在量的扩张上,还体现在质量的提升上。服务业的核心资产不是物,而是人,而高端服务业的核心资产是高素质员工。因此,高素质员工占全部员工的比重可以看作衡量高端服务业质量的重要指标,我们以受教育程度来衡量员工素质。2010—2015年,北京高端服务业的高素质员工占比有了明显提升,如表3-5所示。虽然总体来看,大专以上员工占比变化不大,但是大本以上员工占比以及研究生员工占比都有了明显提升,这说明北京高端服务业高素质员工的层次在提升。分行业来看,除了租赁和商务服务业以及水利、环境和公共设施管理业,其他高端服务业都有明显提升,而且提升主要体现在大本以上员工和研究生员工。在水利、环境和公共设施管理业,虽然大专以上员工占比变化不大,但大本以上占比和研究生占比都有明显提升,说明该行业高素质员工的整体层次有了实质性提升。高素质员工占比唯一下降的是租赁和商务服务业,这与表3-2所反映的该行业人均创造价值远远低于其他高端服务业的情况一致。该行业的一个显著特点是规模以上企业和规模以下企业的差异非常大,规模以上企业人均利税仅次于金融业,远远高于其他六大高端服务业,而该行业的平均人均创造价值却是八大高端服务业中最低的。这说明该行业存在大量规模以下的小微企业,这些企业虽然从行业上看属于高端,但在组织形态上处于低端,总体来看该行业还有较大提升空间。

表3-5　2010年和2015年北京高端服务业高素质员工占比比较　　单位：%

行业	大专以上占比		大本以上占比		研究生占比	
	2010年	2015年	2010年	2015年	2010年	2015年
信息传输、软件和信息技术服务业	86.61	89.38	64.51	68.38	13.83	15.45
金融业	84.67	86.93	60.12	65.24	15.70	19.72
租赁和商务服务业	66.62	51.40	45.29	36.33	9.48	7.43
科学研究和技术服务业	83.17	85.35	65.85	70.32	24.44	28.18
水利、环境和公共设施管理业	34.07	34.34	18.86	22.11	2.64	4.96
教育	77.77	81.79	60.74	65.43	18.68	20.33
卫生和社会工作	71.85	74.82	40.18	46.73	9.78	11.38
文化、体育和娱乐业	72.19	75.50	50.89	54.31	9.27	12.73
合计	75.67	75.73	54.35	56.68	14.04	15.48

资料来源：2010年采用的是北京市2010年人口普查数据，2015年采用的是北京市1%人口抽样调查数据，详见北京市统计局网站（http://edu.bjstats.gov.cn/）。

四　合作发展

随着2014年4月《京津冀协同发展规划纲要》的出台，北京开始疏解非首都功能，对外合作逐渐成为北京高端服务业发展的新路径。2014年开始，北京高端服务业对外投资明显增加，之后几年在吸收投资下降的同时，北京高端服务业的对外投资大幅提升，2016年最高接近2.5万亿元，远远高于外地在京投资，如图3-1所示。向外发展正成为北京高端服务业发展的新趋势。

从对外投资的地域来看，如表3-6所示，北京对外投资主要是集中在上海、广东、江苏、浙江、天津等发达地区以及安徽省，合作关系比较稳定。不过这一关系也在发生变化，其中上海的地位逐步下降，以至于2017年退出前6名，跌至第11名，而与浙江的合作关系则稳步加强，2017年对浙江的投资逆势大幅提升，并远远超过其他地区。

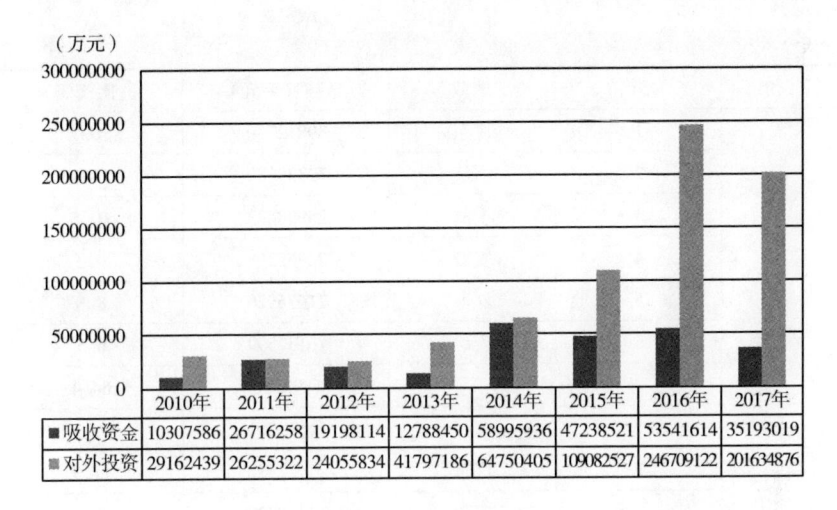

第三章　北京高端服务业发展现状及存在的问题

	2010年	2011年	2012年	2013年	2014年	2015年	2016年	2017年
吸收资金	10307586	26716258	19198114	12788450	58995936	47238521	53541614	35193019
对外投资	29162439	26255322	24055834	41797186	64750405	109082527	246709122	201634876

图3-1　2010—2017年北京与外省市区高端服务业相互投资情况

资料来源：龙信数据[①]。

表3-6　　2014—2017年北京高端服务业对外投资情况

年份	排名	地域	金额（万元）	占比（%）
2014	1	上海	14385155	22.2
	2	广东	11483762	17.7
	3	浙江	9058278	14.0
	4	江苏	6097592	9.4
	5	天津	4700712	7.3
	6	安徽	4568189	7.1
	合计		50293688	77.7
2015	1	广东	21591526	19.8
	2	浙江	19217229	17.6
	3	上海	14891142	13.7
	4	天津	9334745	8.6
	5	安徽	8168055	7.5
	6	河北	7395961	6.8
	合计		80598658	73.9

① 龙信数据是由龙信数据（北京）有限公司提供的数据。

续表

年份	排名	地域	金额（万元）	占比（%）
2016	1	广东	39812790	16.1
	2	浙江	32339180	13.1
	3	上海	25998423	10.5
	4	安徽	22965268	9.3
	5	江苏	21676926	8.8
	6	天津	16132599	6.5
	合计		158925186	64.4
2017	1	浙江	54694281	27.1
	2	广东	23922552	11.9
	3	安徽	17410729	8.6
	4	河北	12844114	6.4
	5	江苏	10827176	5.4
	6	天津	10757341	5.3
	合计		130456193	64.7

资料来源：龙信数据。

同时，京津冀协同发展政策效应开始显现。作为协同发展地区，河北与北京的合作明显加强。2017年在对外投资整体明显下降的情况下，北京对河北投资却大幅提升，排名也从2016年的第10位大幅提升到第4位。这说明京津冀协同发展并不是北京把落后产业转移到发展相对落后的河北，北京的高端服务业也正在向河北转移。天津一直是北京高端服务业投资的重点区域，在高端服务业层面京津冀协同发展的格局正逐步形成。

在京津冀协同发展背景下，要建设以首都为核心的世界级城市群，北京就必须疏解非首都功能，着力新两翼发展，优先打好京津冀协同发展的生态环境保护和交通网络体系保障的基础，构建京津冀协同创新发展的共同体。以创新为主动力，推动北京高端服务业的优质资源向津冀外溢和辐射，共谋合作共赢的区域协同发展之路。具体到政策层面，2018年7月，北京市发改委出台了《推动京津冀协同发展

2018—2020年行动计划》，明确了全市在京津冀协同发展中的主要任务和路线图，为北京高端服务业区域协同发展指明了方向。

中关村国家自主创新示范区行动更早。按照《中关村国家自主创新示范区京津冀协同创新共同体建设行动计划（2016—2018年）》，在"4+N"重点区域，即曹妃甸产城融合发展示范区、新机场临空经济合作区、张承生态功能区、天津滨海—中关村科技园和若干个合作共享平台（开发区、高新区、产业园区），初步形成以科技创新园区链为骨干，以多个创新社区为支撑的京津冀协同创新发展共同体。截至2018年6月，中关村企业在津冀设立的分支机构累计已达7000余家，北京输出津冀的技术合同成交额累计超540亿元；曹妃甸产城融合发展示范区已累计签约北京项目约130个，实施了中关村（曹妃甸）高新技术成果转化基地、金隅曹妃甸示范产业园等项目建设；北京新机场临空经济区空间和产业规划编制完成，目前正加快推进共建共管方案的研究；张承生态功能区绿色产业园加快落地，张北云计算产业基地2个数据中心投入运营，4个项目实现开工；天津滨海—中关村科技园挂牌以来新增注册企业超500家；河北保定—中关村创新中心产业园吸引近150家企业和机构入驻，其中有一半来自北京；北京与河北两地共建雄安新区—中关村科技园的协议已签署，现有12家中关村企业入驻雄安新区—中关村科技产业基地。[①] 通过北京高端服务业在津冀地区布局，发挥北京科技创新资源外溢作用，引领创新链、产业链、资源链、政策链深度融合，形成京津冀全方位协同合作创新发展态势。

五 国际化发展

北京高端服务业在国际化发展方面，拥有首都资源优势、高水准公共

---

① 孙杰：《北京出台推进京津冀协同发展行动计划》，《北京日报》2018年7月30日。

服务优势、高端企业和高端人才集聚优势，也拥有服务品牌国际化优势。北京是高水平国际会展集聚地和中国国际服务贸易交易会（以下简称京交会）的举办地。2016年北京举办国际会议0.5万个，接待参会者65.5万人次，年增长9.9%；举办国际展览159个，国际展览观众167.8万人次，年增长14.5%；国际会议、展览收入分别为7.4亿元和41.4亿元，年增长分别为29.8%和11.9%。[①] 2019年中国北京世界园艺博览会在北京举办，北京与河北张家口联合举办的冬奥会项目正在加紧建设。

下面我们主要从服务贸易、利用外资和国际投资与合作三个方面阐述北京高端服务业国际化发展情况。

（一）高端服务贸易大幅增长

2016年北京服务贸易进出口总额1496.9亿美元，年增长14.9%。其中，高端服务贸易进出口额1254.0亿美元，占服务贸易总额的比例高达83.8%，年增长29.1%，而低端服务贸易进出口额是负增长26.7%。这说明在服务贸易中高端服务贸易占绝对主导地位，增长速度很快。在北京高端服务贸易进出口总额中，出口额425.1亿美元，年增长21.1%，进口额828.9亿美元，年增长33.7%，进口速度远高于进口速度，说明北京高端服务贸易逆差在扩大，高达403.8亿美元（见表3-7）。

表3-7　　2015—2016年北京服务贸易进出口分项增长速度

项目	2015年进出口额（亿美元）		2016年进出口额（亿美元）		增速（%）		
	出口	进口	出口	进口	出口	进口	进出口
高端服务贸易	351.0	620.2	425.1	828.9	21.1	33.7	29.1
低端服务贸易	139.9	191.7	99.0	143.9	-29.2	-24.9	-26.7
服务贸易总额	490.9	811.9	524.1	972.8	6.8	19.8	14.9

资料来源：根据《北京统计年鉴2017》相关数据计算，详见北京市统计局网站（http://edu.bjstats.gov.cn/）。

---

① 根据《北京统计年鉴2017》提供的数据计算。

从北京高端服务贸易构成看,外汇收入主要源于旅行,专业和管理咨询服务和电信、计算机和信息服务三大行业,总额为 324.2 亿美元,占服务贸易收入总额的 61.9%,占高端服务贸易收入额的 76.3%;外汇支出主要集中于旅行,保险服务,电信、计算机和信息服务三大行业,总额为 715.5 亿美元,占服务贸易支出总额的 73.6%,占高端服务贸易支出额的 86.3%(见表 3-8)。

表 3-8　　　　　2016 年北京高端服务贸易构成情况

项目	进出口额		出口额		进口额	
	数量（亿美元）	占比（%）	数量（亿美元）	占比（%）	数量（亿美元）	占比（%）
旅行	762.6	50.9	176.9	33.8	585.8	60.2
专业和管理咨询服务	113.3	7.6	84.1	16.0	29.2	3.0
电信、计算机和信息服务	120.0	8.0	63.2	12.1	56.7	5.8
技术服务	34.9	2.3	20.3	3.9	14.7	1.5
知识产权使用服务	33.6	2.2	1.7	0.3	31.8	3.3
保险服务	98.1	6.6	25.1	4.8	73.0	7.5
金融服务	20.0	1.3	15.6	3.0	4.4	0.5
文化和娱乐服务	11.7	0.8	2.2	0.4	9.5	1.0
其他服务	59.8	4.0	36.0	6.9	23.8	2.4
合计：高端服务贸易	1254.0	83.8	425.1	81.1	828.9	85.2
运输服务	157.8	10.5	50.3	9.6	107.5	11.1
建筑服务	85.1	5.7	48.7	9.3	36.4	3.7
合计：低端服务贸易	242.9	16.2	99.1	18.9	143.9	14.8
服务贸易总额	1496.9	100.0	524.1	100.0	972.8	100.0

资料来源：根据北《北京统计年鉴 2017》相关数据整理和计算,详见北京市统计局网站（http://edu.bjstats.gov.cn/）。

（二）高端服务业实际利用外资高速增长

北京高端服务业实际利用外资从 2013 年的 43.3 亿美元增长到 2017

年的178.9亿美元，年复合增长42.3%，成效显著。2017年高端服务业实际利用外资占全部实际利用外资的73.6%，与2016年相比增长265.4%。外资主要集中在三个行业：信息传输、软件和信息技术服务业，租赁和商务服务业，以及科学研究和技术服务业。2017年这三个行业利用外资合计占比高达99.8%。[①] 同时，高端服务业中也只有这三个行业利用外资是增长的（见表3-9）。

表3-9　　　　2017年北京高端服务业实际利用外资情况

行业	数额（亿美元）	占全部比重（%）	增长率（%）
信息传输、软件和信息技术服务业	131.7877	54.2	1061.2
金融业	3.3992	1.4	-62.4
租赁和商务服务业	22.9595	9.4	90.7
科学研究和技术服务业	20.2393	8.3	28.5
水利、环境和公共设施管理业	0.0490	0	-72.1
教育	0	0	0
卫生和社会工作	0	0	0
文化、体育和娱乐业	0.5144	0.2	-17.0
高端服务业合计	178.9491	73.6	265.4

资料来源：根据《北京市2017年国民经济和社会发展统计公报》相关数据计算，详见北京市统计局网站（http://edu.bjstats.gov.cn/）。

（三）国际投资与合作增强

经过改革开放40多年的发展，中国经济已经进入高水平引进来与大规模走出去并进的阶段。北京也是如此。目前，虽然没有关于北京高端服务业对外投资与合作的统计数据，但从涵盖一区十七园占北京市GDP 25.1%的高端产业代表——中关村的发展中仍可见一斑。近年来，中关村发展集团在美国硅谷投资设立了孵化器和研发机构，小米、

[①] 根据《北京市2013年国民经济和社会发展统计公报》和《北京市2017年国民经济和社会发展统计公报》的数据计算。

联想、百度、乐视、京东方、中芯国际、爱奇艺、神州泰岳、亚信、紫光等大批企业，纷纷在境外并购、设立研发机构和拓展国际市场。截至 2016 年年底，中关村国家自主创新示范区的领军企业在海外设立研发中心或分支机构超过 700 家，海外上市 98 家。中关村企业发起的境外并购案例 52 起，较上年增加 15 起；并购金额 685 亿元，同比增长 15.7%。[1] 同时，中关村加强引进来。一是引进海外高端人才。截至 2016 年年底，中关村示范区共有留学归国人员 3 万人，同比增长 11.2%；外籍人才 9779 人，同比增长 14.6%；入选北京市"海聚工程"累计 590 人，占全市 65.6%。二是引进国际顶尖创新机构，加速集聚优质创新项目。截至 2016 年年底，英特尔、微软、IBM、西门子、三星等 130 家《财富》世界 500 强企业在中关村设立子公司或研发机构。[2]

第二节 北京高端服务业发展中存在的突出问题

虽然从与其他产业发展的对比来看，北京高端服务业发展的成效显著，但与高质量发展的要求相比，与北京作为国家服务业扩大开放综合试点的要求相比，以《北京新总规》设定的发展目标和其对北京产业发展总体布局的要求来衡量，北京高端服务业还存在一些亟待解决的问题。与西方发达国家甚至国内其他发达地区相比，北京也有一定差距。北京高端服务业发展存在的突出问题，主要有以下几个方面。

---

[1] 资料来源：实际调研，由中关村管委会提供。
[2] 根据《中关村指数 2017 分析报告》第 13—14 页内容整理，http://zgcgw.beijing.gov.cn/zgc/tjxx/sjbg/index.html。

一 生产效率低

《北京新总规》明确要求首都经济实行减量发展，不但要求控制人口，而且要求压缩绝对生产空间规模。尤其是，对于中心城区，要求在人口规模和产业建设用地绝对减少的基础上发展。因此，提高生产效率是唯一出路。

对比上海和深圳，可以发现北京高端服务业发展有明显的差距（见表3-10）。上海和深圳的服务业发展总体水平远远不如北京。2016年上海服务业占地区生产总值比重为69.8%，深圳仅为58.8%。但是深圳的高端服务业发展质量很高，劳动生产率明显高于服务业平均水平。除了租赁与商务服务业，其他七大高端服务业的劳动生产率都高于服务业平均水平。上海虽不如深圳，但是也明显高于北京。北京高端服务业不但总体上劳动生产率比较低，而且最为重要的三个行业，除了科学研究和技术服务业与上海、深圳大致相当之外，信息传输、软件和信息技术服务业以及金融业的劳动生产率也远低于上海和深圳。尤其是金融业，差距巨大。这表明北京高端服务业盈利能力较差，劳动生产率还有较大提升空间。此外，从自身对比看，北京与上海和深圳有两个显著不同：一是北京的高端服务业的劳动生产率低于工业，而上海和深圳都是高于工业；二是北京高端服务业的劳动生产率与服务业平均水平差距不大，而上海和深圳都大幅高于服务业平均水平。这意味着上海、深圳高端服务业替代工业和低端服务业是一个劳动生产率不断提高的过程，而北京高端服务业替代工业则会导致劳动生产率不断降低。相比之下，北京高端服务业发展的内生市场动力远没有上海和深圳强劲。

表 3-10　　2016 年北京、上海、深圳劳动生产率对比　　单位：万元/人

行业	北京[①]	上海	深圳
信息传输、软件和信息技术服务业	27.6	33.9	30.6
金融业	72.5	130.9	229.7
租赁和商务服务业	9.9	12.2	8.7
科学研究和技术服务业	23.0	22.0	25.7
水利、环境和公共设施管理业	14.6	5.5	30.5
教育	20.4	23.4	34.7
卫生和社会工作	19.0	20.0	32.6
文化、体育和娱乐业	22.1	18.3	24.0
高端服务业	23.9	29.9	37.0
服务业	21.1	22.6	23.0
工业	28.8	21.89	19.2

资料来源：根据《北京统计年鉴 2017》（http：//edu.bjstats.gov.cn/）、《上海统计年鉴 2017》（http：//www.stats-sh.gov.cn/）和《深圳统计年鉴 2017》（http：//tjj.sz.gov.cn/）相关数据计算。

在土地利用效率方面，北京也存在明显问题。这里以中关村国家自主创新示范区为例说明情况。中关村国家自主创新示范区作为北京六大高端产业功能区之首，生产总值占北京全部的 25.1%，园区遍布北京 16 个区，具有较强的代表性。中关村各园区在当地均处于较高的经济发展水平，由此可以推断中关村科技园区的土地利用效率代表了北京较高水平。

从中关村国家自主创新示范区的情况来看，各园区利用效率差异很大。单位土地收入低于平均水平的土地占比高达 84.4%，单位土地利税低于平均水平的占比高达 77.9%。海淀园作为中关村国家自主创新示范区的核心园，其土地面积占示范区比重高达 52.1%，总收入占

---

① 因为无法取得北京高端服务业各行业就业人数数据，这里取法人单位就业人数数据，并根据第三产业社会就业人数与第三产业法人单位总就业人数的比例进行外推，以外推后的数据作为各行业就业人数数据。

示范区的40.8%，利税占示范区的35.3%，但其每平方千米土地所产生的收入才160亿元，利税才14.7亿元，低于示范区204.45亿元和21.62亿元的平均水平。不但远低于城六区的其他园区，也低于作为城市发展新区的大兴和顺义的园区，甚至低于作为生态涵养区的怀柔和门头沟的园区（见表3-11）。由此可见，中关村国家自主创新示范区的土地整体利用效率不高。

表3-11 2017年中关村国家自主创新示范区各园区土地利用效率

园区	建成区土地面积（平方千米）	建成区土地占比（%）	每平方千米收入（亿元）	收入占比（%）	每平方千米利税（亿元）	利税占比（%）
海淀园	135.06	52.1	160.0	40.8	14.7	35.3
丰台园	1.92	0.7	2664.1	9.6	276.9	9.5
昌平园	27.66	10.7	142.9	7.5	10.5	5.2
朝阳园	10.48	4.0	528.7	10.4	62.3	11.6
亦庄	26.78	10.3	187.7	9.5	24.3	11.6
西城园	10.00	3.9	287.7	5.4	35.1	6.3
东城园	2.88	1.1	811.2	4.4	71.0	3.6
石景山园	1.33	0.5	1603.8	4.0	348.3	8.3
通州园	17.18	6.6	46.5	1.5	5.8	1.8
大兴园	3.00	1.2	217.0	1.2	19.6	1.0
平谷园	0.85	0.3	157.8	0.3	14.2	0.2
门头沟园	1.20	0.5	182.7	0.4	19.2	0.4
房山园	6.79	2.6	53.6	0.7	4.2	0.5
顺义园	4.11	1.6	305.8	2.4	46.3	3.4
密云园	4.62	1.8	58.3	0.5	4.2	0.3
怀柔园	3.59	1.4	177.9	1.2	10.7	0.7
延庆园	1.91	0.7	56.2	0.2	5.9	0.2
合计	259.36	100.0	204.5	100.0	21.6	100.0

注：数据经四舍五入。
资料来源：根据《北京统计年鉴2017》（http://edu.bjstats.gov.cn/）和《2017年按园区统计主要经济指标》（http://zgcgw.beijing.gov.cn/zgc/tjxx/nbsj/168427/index.html）相关数据计算。

二 优质增长动力不足

党的十八大以来，北京高端服务业发展取得了很大进步，但是其中优质部分的发展可持续性存在一定问题。

从行业看，金融业无疑是北京最为优质的行业，不但其劳动生产率远高于其他高端服务业，其利税贡献更是远远高于其他高端服务业，占服务业的比重高达30.6%，比其他所有高端服务业的总和还要高出11%。而在规模以上企业中，金融业的贡献更大，利税占服务业的比重达到41%，超过其他高端服务业总和将近15%（见表3-12）。可以说，金融业在北京高端服务业中的地位举足轻重，某种程度上其发展就代表着北京高端服务业的发展。北京的金融业的发展势头一直很好，但在2016年情况有所改变。受国家去杠杆政策影响，全国金融业发展大幅放缓，增加值增速从2015年的16%快速下降为2016年的4.5%。北京的金融业也受到很大影响，增加值增速从2015年的18.1%快速下滑到2016的9.1%，2017年进一步下降到7%。同时，其效益也快速下滑，规模以上企业人均利税从2015年的410万元降到2016年的344.8万元。去杠杆作为我国供给侧结构性改革的五大任务之一，是一项长期工作，将会持续较长时间，北京金融业也将长期受此影响，发展受到抑制。

表3-12　2016年北京高端服务业增加值和利税占服务业比重　　单位：%

行业	增加值比重	利税比重	规模以上利税比重
信息传输、软件和信息技术服务业	13.6	9.6	12.9
金融业	20.7	30.6	41.0
租赁和商务服务业	8.9	2.3	3.1
科学研究和技术服务业	12.2	5.4	7.2

续表

行业	增加值比重	利税比重	规模以上利税比重
水利、环境和公共设施管理业	1.0	0.6	0.8
教育	5.7	0.6	0.9
卫生和社会工作	3.1	−0.1	−0.2
文化、体育和娱乐业	2.7	1.1	1.5

资料来源：根据《北京统计年鉴2017》数据计算，详见北京市统计局网站（http://edu.bjstats.gov.cn/）。

规模以上企业代表着行业的优质部分。对比2013年和2016年数据（见表3-13和表3-14）可以发现，规模以上企业中，金融业、租赁和商务服务业是劳动力流入速度最快的两个行业，同时这两个行业也是人均利税贡献最大的优质行业。金融业的情况前文已有说明。租赁和商务服务业中最为优质的部分是总部企业。2017年，北京总部企业累计资产、营业收入、利润占全市规上企业的比重分别为75.2%、62.9%和91.1%，户均、人均财税贡献分别是全市规上企业的5.5倍和1.4倍。①总部企业中其中最为优质的是大企业总部，而大企业总部中很大一部分是央企总部。目前，近八成央企总部坐落在北京。2018年世界500强中，总部坐落在北京的有53家，而排名第二的香港才8家，排名第三的上海才7家，其主要原因就是北京央企众多。按照《京津冀协同发展规划》要求，一部分央企总部要迁离北京。《北京新总规》明确指出支持部分在京行政事业单位、总部企业、金融机构、高等学校、科研院所等向河北雄安新区有序转移。《北京市新增产业的禁止和限制目录（2018年版）》明确提出北京全市"企业总部管理中，禁止京外中央企业总部新迁入"。央企总部的限制和迁出，势必影响商务服务业发展的势头。信息传输、软件和信息技术服务业就业人数虽然有所增长，但盈利能力

---

① 《2018北京总部经济国际高峰论坛圆满落幕》，央视网（http://news.cctv.com/2018/05/31/ARTIseVwGfNx5wLXLVUAKVyg180531.shtml），2018年5月31日。

下降快速。科学研究和技术服务业从业人员的盈利能力也呈明显下降趋势，这意味着这两个行业的增长更多依靠人力增加而不是技术进步。文化、体育和娱乐业虽然盈利能力不错且呈上升趋势，但从业人员占比呈下降趋势，且所占比重不大，与北京全国文化中心的定位不匹配。

表 3-13　2013 年和 2016 年北京规模以上高端服务业就业人数占服务业比重

单位：%

项目	2013 年	2016 年
信息传输、软件和信息技术服务业	11.0	12.0
金融业	6.7	7.9
租赁和商务服务业	12.2	15.4
科学研究和技术服务业	9.7	9.5
水利、环境和公共设施管理业	1.6	1.6
教育	6.7	6.3
卫生和社会工作	3.9	4.1
文化、体育和娱乐业	2.8	2.5

资料来源：根据《北京统计年鉴 2014》和《北京统计年鉴 2017》数据计算，详见北京市统计局网站（http://edu.bjstats.gov.cn/）。

表 3-14　2013 年和 2016 年北京规模以上高端服务业人均利税

单位：万元/人

项目	2013 年	2016 年
信息传输、软件和信息技术服务业	38.2	29.2
金融业	352.5	344.8
租赁和商务服务业	50.2	51.7
科学研究和技术服务业	13.4	11.5
水利、环境和公共设施管理业	3.8	6.5
教育	0.8	1.0
卫生和社会工作	0.4	-0.1
文化、体育和娱乐业	10.8	11.5

资料来源：根据《北京统计年鉴 2014》和《北京统计年鉴 2017》相关数据计算，详见北京市统计局网站（http://edu.bjstats.gov.cn/）。

三 企业过度集中在中心城区

北京市域面积现分为四个功能区,即首都功能核心区(东城、西城)、城市功能拓展区(朝阳、海淀、丰台、石景山)、城市发展新区(通州、大兴、顺义、昌平、房山)和生态涵养发展区(门头沟、平谷、怀柔、密云、延庆)。首都功能核心区与城市功能拓展区合称中心城区。2016年北京90%的高端服务业集中在中心城区,尤其是盈利水平较高的信息传输、软件和信息技术服务业,金融业,租赁和商务服务业,科学研究和技术服务业,文化体育和娱乐业,更是高度集中在中心城区,其中盈利水平最高的金融业主要集中在核心区,占比高达56.5%(见表3-15)。通过大数据对企业空间分布的进一步研究发现,高端服务业主要集中在城中心,越靠近中心区密度越大。其中,最为密集的是东西北三环和南二环以内的地区。

表3-15　　　2016年北京各功能区高端服务业增加值占比　　　单位:%

行业	核心区	功能拓展区	发展新区	生态涵养区	中心城区
信息传输、软件和信息技术服务业	15.2	81.6	3.2	0.1	96.8
金融业	56.6	34.5	7.6	1.3	91.1
租赁和商务服务业	26.1	65.8	7.0	1.1	91.9
科学研究和技术服务业	17.9	69.8	11.3	0.9	87.7
水利、环境和公共设施管理业	13.1	54.5	19.7	12.6	67.6
教育	11.6	64.7	17.8	6.0	76.2
卫生和社会工作	31.8	46.8	15.4	6.1	78.5
文化体育和娱乐业	32.2	62.5	2.2	3.1	94.7
高端服务业合计	30.5	59.0	8.6	1.9	89.5

资料来源:根据《北京区域统计年鉴2017》中的数据计算,详见北京市统计局网站(http://edu.bjstats.gov.cn/)。

按照《北京新总规》要求，中心城区是首都功能的集中承载地区，也是疏解非首都功能的主要地区。其中，核心区的功能是保障中央党政军领导机关高效开展工作，主要任务是疏解非首都功能，优化提升首都功能，改善人居环境，补充和完善城市基本服务功能。核心区之外的中心城区的功能是保障和服务首都功能的优化提升，主要任务是疏解非首都功能，完善配套设施，推进城市修补和生态修复，提升城市品质。因此，《北京新总规》明确要求降低中心城区常住人口密度，减少城乡建设用地规模，中心城区规划总建筑规模动态零增长，并要缩减产业用地，调整用地结构。根据《北京新总规》，北京市出台了《建设项目规划使用性质正面和负面清单》，对核心区土地用途做出明确规定：鼓励工业、仓储、批发市场等用地调整为中央党政军领导机关办公和配套用房、学前教育、养老设施；鼓励历史建筑调整为博物馆等公共文化设施；鼓励居住区相邻用地建设为本地居民服务的居住公共服务设施。同时，限制大型商业项目、商务办公项目、综合性医疗机构、专科教育、高等教育设施、住宅商品房、仓储物流设施。对核心区之外的中心城区明确规定：鼓励建设养老设施、学前教育设施；鼓励中关村科学城范围内的各类非居住建筑调整为科技创新用房；鼓励三环路以外商业零售、商务办公、酒店宾馆等建筑调整为体育健身、剧场影院、图书馆、博物馆等公共文化建筑，以及出租型公寓；鼓励居住区相邻用地调整为本地居民服务的居住公共服务设施。同时，限制大型商业项目、大型商务办公项目、区域性物流基地和批发市场；限制五环路以内的各类用地调整为综合性医疗机构；限制五环路以内的中等职业教育、高等教育及面向全国招生的培训机构和文化团体；限制四环路以内的住宅商品房；限制三环路以内的仓储物流设施。[①]

---

① 参见《北京市规划和国土资源管理委员会关于发布〈建设项目规划使用性质正面和负面清单〉的通知》（市规划国土发〔2018〕88号），http：//zhengce.beijing.gov.cn/library/192/33/50/438650/1541800/。

《北京市新增产业的禁止和限制目录》2015年版和2018年版也对中心城区的产业进行了一定限制。总的来看,高端服务业高度集中在中心城区,尤其是核心区发展,是不符合《北京新总规》要求的,需要对外疏解。

对比2013年的情况(见表3-16),可以发现高端服务业从2014年非首都功能疏解后开始从中心城区向外疏解。高端服务业中心城区所占比重从2013年的92.2%下降到2016年的89.5%。不过从区域上看,核心区与功能拓展区的高端服务业疏解情况有很大不同。

表3-16　　2013年北京各功能区高端服务业增加值占比　　单位:%

行业	核心区	功能拓展区	发展新区	生态涵养区	中心城区
信息传输、软件和信息技术服务业	16.7	79.9	3.4	0.1	96.6
金融业	57.6	34.6	6.5	1.2	92.3
租赁和商务服务业	29.2	62.5	7.2	1.1	91.7
科学研究和技术服务业	20.9	68.8	9.6	0.8	89.7
水利、环境和公共设施管理业	15.3	58.7	15.4	10.6	74.0
教育	13.0	62.6	17.9	6.5	75.5
卫生和社会工作	6.9	89.2	2.7	1.2	96.1
文化体育和娱乐业	62.1	35.0	1.3	1.7	97.0
高端服务业	30.2	62.0	6.3	1.4	92.2

资料来源:根据《北京区域统计年鉴2014》相关数据计算,详见北京市统计局网站(http://edu.bjstats.gov.cn/)。

从核心区看,高端服务业全面疏解,产业结构正按照《北京新总规》的要求调整。虽然与2013年相比,2016年核心区高端服务业占比还增加了0.3%,但是八大高端服务业中,除了卫生和社会工作占比有大幅增长,其他所有高端服务业占比都在降低。这完全符合《北京新总规》中对核心区作为政治中心保障中央党政军领导机关高效开展工作、优化提升首都功能的功能定位。

从功能拓展区看，产业疏解力度不大，产业结构发展方向与《北京新总规》要求有一定差距。虽然从总量上看功能拓展区的高端服务业占比降低了3%，但转移出去的主要是盈利能力较差的卫生和社会工作以及水利、环境和公共设施管理业。盈利性较强的信息传输、软件和信息技术服务业，科学研究和技术服务业，文化体育和娱乐业的占比都在上升。虽然这些行业不在中心城区限制之列，但在效率没有明显提升甚至下降的前提下（见表3-14），产业发展势必带来就业人员的增加，影响中心城区人口的疏解。同时，教育作为明确限制的行业，其占比还在上升，与《北京新总规》的要求明显不符。目前，功能拓展区依然是盈利性强的高端服务业优先发展之地，但由于与《北京新总规》要求不符，其发展必然会受到制约，随着疏解工作的持续深入，这些在功能拓展区的高端服务业的发展难以持久。

四 市场化程度较低

非公企业占一个行业的比重是衡量该行业市场化水平的重要标志。一直以来我国服务业受到各级政府部门的严格管制，如银行证券保险业、电信业、新闻传媒业、社会事业等，存在明显的政策性进入壁垒和垄断现象，非公资本难以进入市场，且多数服务产品的价格由政府制定。我国曾在2005年出台《国务院鼓励支持非公有制经济发展的若干意见》，2010年又出台《国务院关于鼓励和引导民间投资健康发展的若干意见》，鼓励民营经济发展。党的十八大后政府开展"放管服"改革，大力推进市场负面清单管理。目前，情况虽然有一定改善，但很多行业针对非公企业的市场准入门槛依然较高。特别是在金融服务业，民营企业获得相关牌照的难度依然较大。在医疗教育等领域，社会资本进入的门槛较高。在通信服务等领域,鲜有民营资本进入。在一些领域,非公资本即使准入,也会受到很多管制,待遇与国有资本并不相同。

从2016年规模以上高端服务业非公企业占比情况看(见表3-17),就业人数规模最高,达49.2%,收入规模次之,为32.6%,而最能反映企业经营质量的盈利能力指标——利税——最低,仅为15.8%。市场化具有明显的量高质低的特点,这与习近平总书记所说的民营经济具有的"五六七八九"特征相比还有明显的差距。①

表3-17　　2016年北京规模以上高端服务业非公企业占比　　单位:%

项目	收入	利税	就业人数
信息传输、软件和信息技术服务业	76.4	65.2	80.3
金融业	15.4	9.1	32.8
租赁和商务服务业	59.3	14.7	69.7
科学研究和技术服务业	20.0	25.8	37.7
水利、环境和公共设施管理业	33.7	44.8	23.8
教育	16.0	70.3	18.6
卫生和社会工作	7.6	17.2	13.8
文化、体育和娱乐业	18.9	12.9	20.9
合计	32.6	15.8	49.2

资料来源:根据《北京统计年鉴2017》相关数据整理,详见北京市统计局网站(http://edu.bjstats.gov.cn/)。

分行业看,各行业市场化水平差异很大。市场化程度最高的是信息传输、软件和信息技术服务业,无论在量还是在质方面市场化都达到了较高水平。金融业、文化、体育和娱乐业以及科学研究和技术服

---

① 习近平总书记在2018年11月1日召开的民营企业座谈会上提出民营经济具有"五六七八九"的特征,即民营企业贡献了50%以上的税收、60%以上的国内生产总值、70%以上的技术创新成果、80%以上的城镇劳动就业、90%以上的企业数量。

务业的市场化水平都比较低,其中既有市场准入限制的原因,也有国有企业规模优势的原因。租赁和商务服务业就业人数和收入占比都很高,但利税比重很低。这个行业市场准入限制较少,非公企业和就业人数众多,但国有企业总部有规模优势,量少而质优,是利税的主要来源。水利、环境和公共设施管理业,教育,卫生和社会工作三个行业都是非公企业质量指标明显高于数量指标的行业,其主要原因是这三个行业都受政府严格管制,市场开放程度不高。该行业的国有单位大多具有公共服务性质,甚至有很多单位属于非企业性质,价格受到政府管制,盈利能力较差。教育、卫生和社会工作中,非企业性质单位数量虽然不超过50%,但是其资产占比在90%左右(见表3-18),因为不是企业,不以盈利为目的,所以虽然规模庞大,但利税很少;相反,非公企业所从事的部分可以盈利,因而虽然企业数量占比不高,人数不多,但其利税占据比重很高。

表3-18　2013年北京教育、卫生和社会工作中非企业单位占比　　单位:%

项目	单位数	总资产
教育	46.6	90.3
卫生和社会工作	49.2	87.0

资料来源:根据《北京经济普查年鉴2013》数据整理,详见北京市统计局网站(http://edu.bjstats.gov.cn/)。

第三节　影响首都高端服务业发展格局的主要因素

作为首都,北京经济发展带有明显的首都特征。这种特征主要由三方面因素决定:一是首都所具有的资源;二是中央对首都的功能定位;三是北京作为地方政府对首都功能定位的落实。北京高端服务业目前发展的状况正是这三方面因素共同作用的结果。

一 首都资源对于北京高端服务业发展的影响

首都与一般城市的不同之处就在于它是中央政府所在地。中央政府及其附属机构不但在首都安置大量的国家资源，还凭借其政治地位吸引大量国内国际资源在首都集聚。这些资源虽然不是由于经济原因而集聚，但集聚之后就会发生经济行为，产生经济活动，从而为首都发展提供强大经济动能。

首都的政治中心建设、文化中心建设和国际交往中心建设虽然不是直接的经济建设，却为经济发展提供了广阔空间。无论是政治中心功能、文化中心功能还是国际交往中心功能，都有一个共同特点，就是具有汇集人的功能。不同之处在于不同人员组成了不同的机构，如政府机构、文化机构、国内外驻京机构，由它们来完成政治功能、文化功能和国际交往功能。作为全国性中心，汇集的都是高素质人群，形成了全国性乃至世界性的组织机构。一方面这些非营利组织的运转会产生大量的商业化需求，另一方面这些高素质人群的生活也会产生大量的商业化需求。此外，政治资源是社会最高层次的资源，各行各业各地的发展都离不开政治的支持。北京高度聚集的政治资源不但会吸引地方层面政治资源的进入，如各类地方政府机构在北京设立办事处，还会吸引那些全国性或者国际性公司的进入，如很多大企业都把总部设在北京，或者在北京设立办事处。这些机构带来的人员汇集所产生的聚集效应会带来大量商业机会，产生各种商业活动，从而为北京服务业发展带来广阔空间。实际上，20世纪90年代北京决定不再发展重工业后，之所以能够快速转型为以服务业为主体的经济，且服务业发展在全国一枝独秀，远高于同为一线城市的上海和深圳的水平，都与北京作为首都密切相关。首都经济的一个重要特征是开放性，而不仅仅是本地的发展。这一点在北京消费与收入的关系中表现得比较明显。北京和上海的经济发展水平类似,抽样调查结果显示上海人均消费支出明显高于北京,但是北京商品消费与居民收入之比高于上海(见表3-19)。这表明北京外来消费比重较大。一方面是大量的外来流动人口,另一方面是大量来自中央单位的消费。它们是支撑北京成为消费型城市的重要力量。

表3-19 北京、上海商品零售额/居民平均可支配收入比值的比较

年份	北京		上海	
	零售额/居民可支配入	人均消费支出(元)	零售额/居民可支配入	人均消费支出(元)
1991	1.83	1860.2	1.14	2167
1992	1.93	2134.7	1.13	2509
1993	1.67	2939.6	1.14	3530.0
1994	1.44	4134.1	1.02	4669.0
1995	1.29	5019.8	1.04	5868.0
1996	1.22	5729.5	1.06	6763.0
1997	1.25	6531.8	1.14	6820.0
1998	1.30	6970.8	1.19	6866.0
1999	1.31	7498.5	1.01	8248.0
2000	1.18	8493.5	0.99	8868.0
2001	1.14	8922.7	0.94	9336.0
2002	1.13	10285.8	0.97	10464.0
2003	1.14	11123.8	0.92	11040.0
2004	1.13	12200.4	0.87	12631.0
2005	1.07	13244.2	0.85	13773.0
2006	1.03	14825.0	0.83	14762.0
2007	1.04	15530.0	0.79	17255.0
2008	1.06	16460.0	0.80	19398.0
2009	1.10	17893.0	0.82	20992.0
2010	1.11	19934.0	0.84	23200.0
2011	1.09	21984.0	0.84	25102.0

续表

年份	北京		上海	
	零售额/居民可支配入	人均消费支出（元）	零售额/居民可支配入	人均消费支出（元）
2012	1.08	24046.0	0.82	26253.0
2013	1.04	26275.0	0.81	28155.0
2014	1.02	28009.0	0.80	30520.0

资料来源：根据《北京统计年鉴2015》（http://edu.bjstats.gov.cn/）和《上海统计年鉴2015》（http://www.stats-sh.gov.cn/）相关数据整理。

从经济主体来看，首都经济包含地方单位和中央单位两个部分。中央单位虽然数量不多，人数也不多，但是代表全国性资源，质量很高。2016年中央规模以上法人单位仅有4364家，占全部规模以上法人单位的10.9%。全部中央单位人数仅187.9万人，占比13%[1]，但中央单位科技研发人员达到21.3万人，占比57%，科技研发经费支出达到1001.5亿元，占比67.5%。从第三产业看也是如此（见表3-20）。中央单位虽然人数较少，但是在资产、收入和利税上都占有明显优势。中央单位坐落在北京，归口中央管理，地方政府对其影响有限，更多的是做好服务保障工作。中央单位在为北京提供优质资源的同时，其体制特点也对北京相应产业的发展有很大影响，甚至在某种程度上决定了相关产业的发展格局。例如，中央单位集中的是全国性资源，占比较大，必然导致非公企业占比相对较低，并形成围绕中央单位的高端服务业生态圈。又如，依托中央金融管理机构和国有银行、保险公司、证券公司等金融资源形成了金融街生态圈，围绕清华、北大等教育部直属高校和中科院各院所形成了中关村海淀园生态圈。中央单位多有质量高、资产大、市场化不足和效率低的特点，这些也正是北京高端服务业的问题所在。同时，中央单位大多集中在核心区和中心城

---

[1] 这里采用的是全部中央单位参加养老保险人员的数据。

区，但由于隶属于中央，北京地方政策对其作用有限，疏解难度比较大。可见，中央资源从微观层面决定了北京高端服务业的首都特征。

表3-20　　　　　2016年北京第三产业中央和地方占比　　　　单位：%

级别	就业人数	资产	收入	利税
中央	20	79	40	67
地方	80	21	60	33

资料来源：根据《北京统计年鉴2017》（http://edu.bjstats.gov.cn/）相关数据整理。

二　首都功能定位对北京高端服务业发展的影响

北京作为首都，首要任务就是为中央服务，而不是发展经济，经济发展要受首都功能的束缚。自1982年以来，北京历次城市规划中都不再提经济中心的定位。《北京城市总体规划（1991—2010）》中明确提出不再发展重工业，并提出要发展适合首都特点的经济。中共中央、国务院对《北京城市总体规划（2016年—2035年）》的批复中，明确要求北京城市的规划发展建设要把握好"都"与"城"、"舍"与"得"的关系，搞好"四个中心"建设。"四个中心"中各中心地位有主有次，并不相同。政治中心是首都对内行政功能，是首都的基础功能，也是第一位的核心功能。国际交往中心是首都作为国家代表的对外交流功能，是首都的自然衍生功能。北京作为文化中心则与北京的城市历史有关。并不是任何首都城市都会成为国家文化中心，如美国首都华盛顿和澳大利亚首都堪培拉。作为拥有800多年建都史的五朝帝都以及中华人民共和国首都，北京是世界历史文化名城，文化底蕴深厚。可以与之比拟的是伦敦、巴黎、东京这些在各自国家历史上有代表性的文化古城的首都城市。科技创新中心严格地说与首都并无必然联系，是中国特色，是中央为北京指明的首都经济发展方向。

首都四个中心地位的不同，决定了首都各项事业发展的优先次序。首都功能定位通过具体的政策从宏观层面影响北京高端服务业的发展。这种影响主要体现为三个方面。

一是通过法律和市场等显性手段对某些产业进行直接限制或对某些产业进行直接支持。如北京制定新增产业禁限目录，明确限制某些低端产业发展，对于此类企业不予登记注册，并予以疏解。对于一些支持产业则给予土地、税收等优惠政策。如北京出台《关于保护老旧厂房 拓展文化空间的指导意见》，鼓励利用老旧厂房兴办文化馆、图书馆、博物馆、美术馆等非营利性公共文化设施，发展文化创意产业。这是北京作为全国文化中心建设的需要。

二是通过改变环境来影响产业的发展。政治中心、文化中心和国际交往中心的建设对基础设施和环境都有一些要求。政治中心建设要求降低中心城区人口，限制产业用地；要求严格中心城区建筑高度管控，治理各种安全隐患，确保中央政务安全环境。文化中心建设要求构建涵盖老城、中心城区、市域和京津冀的历史文化名城保护体系，老城不但不能再拆，还要通过腾退、恢复性修建，同时要求大力建设现代公共文化服务体系，加强精神文明建设。国际交往中心建设要求加强国际交往重要设施和能力建设，并划定一些特定区域作为重大国事活动区域。在满足首都政治中心、文化中心和国际交往中心功能的前提下，北京的经济发展就只能是减量发展、创新发展和绿色发展的高质量发展，符合条件的就只能是高精尖产业。在这样的环境下，低端产业的生存空间有限，即使政府不疏解低端产业，低端产业在这样的环境中也无法生存，最终也会被自然淘汰。

三是通过一些隐性措施来影响产业发展。除了显性措施之外，还有一些带有体制特点的隐性措施影响产业发展。北京作为首都，其发展决定权在中央。如果得不到中央政府的支持，产业的发展就会受到限制。如北京金融街依托中央金融机构成为金融管理中心，但是北京很难依托这一优势发展成为金融中心,因为金融市场发展与政治中心要求相矛盾,中央并不支持北京国际金融中心建设,而是明确支持上海建设国际金融中心。金融作为北京的支柱产业,其发展空间也受到限制。

三 地方政府对高端服务业发展的影响

作为具体政策的制定和执行者,北京地方政府对于高端服务业的影响无疑是很大的。在首都功能定位明确的情况下,首都功能对于北京产业发展的实际影响就取决于北京地方政府对中央要求的执行情况。与新版北京城市总体规划相比,2004版北京城市总体规划的制定思路不是很清晰,执行情况也不太好,集中反映了地方政府存在的三个方面的问题。

(一) 对北京城市发展定位认识不清

长期以来,地方政府对于北京城市发展更多的是从地方角度而不是中央角度考虑问题,对于服务中央要求的主观动力不足。虽然北京没有被定位为全国经济中心,但对于地方政府而言发展经济依然是中心工作,其中发展速度是第一位的。北京城市总体规划(2004年—2020年)中,虽然提出要加强生态环境建设和保护,经济从资源消耗型向生态友好型转变,但同时也明确提出"坚持以经济建设为中心",并多次提到"实现首都经济社会的持续快速发展",同时鼓励发展服装、食品、印刷、包装等都市型工业,提出大力发展第三产业。可以看出,北京市政府的心态是矛盾的,既想服务中央,又想实现自身经济的快速发展,因而这版规划的主旨不是很清晰,目标之间存在矛盾。矛盾心态导致矛盾政策,如一方面要求控制人口,但同时又大力发展职业教育及成人教育,支持商贸、物流业的发展。这种矛盾为地方政府在落实规划过程中有选择性地执行规划提供了空间。

对北京城市发展定位认识不清，导致对《北京市城市总体规划（2004—2020）》执行不力，多项限制性指标被突破。如规划的 2020 年 1800 万人口规模上限在 2009 年就被突破；规划 2020 年建设用地规模上限为 1650 平方千米，但 2015 年实际已经达到 2921 平方千米。规划中要求把通州发展成为北京未来发展的新城区和城市综合服务中心，但这项工作直到 2014 年才正式启动。规划中要求把通州、顺义、亦庄、大兴、房山、昌平、怀柔、密云、平谷、延庆、门头沟发展成新城，但是北京摊大饼式的发展模式并没有改变，产业和人口依然高度集中在中心城区。

对于北京地方政府对首都发展定位认识存在的误区，习近平总书记两次视察北京的指示可谓一针见血。习近平总书记指出，"解决好北京发展问题，需要跳出北京来看"，"北京城市规划要深入思考'建设一个什么样的首都，怎样建设首都'这个问题"。中共中央、国务院在关于对《北京城市总体规划（2016 年—2035 年）》的批复中，也明确要求北京城市的规划发展建设要把握好"都"与"城"、"舍"与"得"的关系。

（二）上级政府对下级政府管控乏力

除了认识不足，北京市地方政府还存在上级政府对下级政府管控乏力的问题。在以经济建设为中心的指导思想下，为了快速经济发展，各区政府纷纷出台各自产业发展规划，这些规划与城市总体规划缺乏有效衔接。乡镇和农村也各自为政，盲目占用集体土地发展低端产业等，由此形成什么产业都发展的大格局。一些从中央和市级层面来看有损整体发展的产业，对于区镇村而言却能带来实实在在的利益，从而大行其道。实际工作中，规划没有得到严格执行。有的规划根据发展需要进行变更和调整，有的甚至可以不用规划，就能拆迁征地，招商引资。政府俨然成为不受规划约束的"经营公司"，城市总体规划和产业规划布局失去了科学性、严肃性和约束力。各区政府都根据自身资源优势，发展自己的"优势产业"。西城区有金融监管机构和金融企业总部集聚的优势，于是就打造金融街；朝阳区有驻外使馆和文化传媒机构集聚的优势，于是就打造商务中心区；海淀区有科研机构和高校集聚的优势，于是就打造科技产业园。如此不断积累和扩张，最终不仅导致北京高端服务业在中心城区"摊大饼、摊厚饼"，过度集中，也导致北京高端服务业布局分散、同质竞争、规模效益不高。

（三）发展方式粗放

20世纪90年代告别工业之后，北京走服务业发展路线。虽然与全国相比北京服务业相对高端，但就发展方式而言，北京和全国一样，也是粗放型的。北京各区及以下政府为发展经济相互竞争，竞相给予优惠条件以吸引优质资源入驻。为加快经济发展，政府通常设立行政性管委会，主导建设各种产业集聚园区。管委会采取低价供地、税收房租优惠、优先保障公共服务等方式，招商引资。由于竞争激烈，各园区竞相放宽准入条件，并给予优质企业更多优惠。这样做虽然大幅降低企业经营成本，快速形成产业园，但也带来三方面的后果：一是在产业园引进大量规模小、效益差的企业，甚至是低端企业，严重影响园区规模效益和竞争能力，降低园区品质；二是给大企业提供了"房地产套利"的机会。这些大企业占据大量土地资源，能够通过土地涨价获取高收益，从而研发创新动力弱化，影响产业园创新能力和发展质量；三是大企业和地方政府合作，修订和扩张在中心城区的建设用地规划，造成中心城区过度开发和高端服务业在中心城区过度集中。

第四章

北京高端服务业发展的可行性分析

第一节 符合首都功能要求的北京高端服务业发展所需资源测算

一 北京高端服务业发展具有典型资源密集特征

北京虽大,但经济发展主要集中在有限的几个地区。六大高端产业功能区以不足北京平原地区10%的面积,创造了北京近一半的地区生产总值。[①] 具有就业密集特征的高端服务业的发展更是如此。直观来看,北京高端服务业发达的地区都是就业密集的地区,典型的如金融街、中央商务区。这些地区不但人员密集,基础设施也非常完善,办公条件好,大企业扎堆,产业生态完善。资源密集是北京高端服务业发达地区的典型特征。

为了进一步分析北京高端服务业发展的资源密集特点,我们选择中关村国家自主创新示范区位于中心城区的园区进行分析。选择这些园区作为研究对象的原因有两个方面:一是在中心城区的中关村国家自主创新示范区园区基本没有制造业,集聚企业以高端服务业为主,

---

[①] 2015年北京六大高端功能区的增加值占地区生产总值的比重高达47.4%。参见《北京市人民政府关于印发〈北京市"十三五"时期现代产业发展和重点功能区建设规划〉的通知》(京政发〔2017〕6号),《北京市人民政府公报》2017年第10期。

代表了高端服务业的聚集发展情况;二是中关村管委会对其所辖园区有独立的统计系统,相对于金融街和中央商务区等高端服务业集聚区数据比较完善,便于定量分析。我们以收入密度和利税密度作为因变量,以就业密度、资产密度、科技人员密度作为自变量,对2015—2017年中关村中心城区园区的数据进行回归分析。[①] 其中,回归效果比较显著的结果如表4-1至表4-4所示。各自变量与因变量的回归关系如图4-1至图4-4所示。

表4-1　　　　　　　　　　　模型1摘要[a]

模型	R	R^2	调整的 R^2	估计的标准差
1	0.997[b]	0.995	0.994	62.17958

注:a. 因变量:收入密度。
　　b. 预测变量:(常量)资产密度,就业密度。

表4-2　　　　　　　　　　　模型1系数[a]

模型		非标准化系数		标准化系数	t	显著性
		B	标准误	Beta		
1	(常量)	9.349	25.560		0.366	0.720
	就业密度	0.015	0.002	0.586	6.054	0.000
	资产密度	0.135	0.031	0.416	4.304	0.001

注:a. 因变量:收入密度。

表4-3　　　　　　　　　　　模型2摘要[a]

模型	R	R^2	调整的 R^2	估计的标准差
2	0.968[b]	0.937	0.929	29.67048

注:a. 因变量:利税密度。
　　b. 预测变量:(常量)就业密度,科技人员密度。

---

① 数据来源于中关村国家自主科技创新示范区2015—2017年年报数据和2015—2017年《北京统计年鉴》,详见中关村国家自主创新示范区网站(http://zgcgw.beijing.gov.cn/)和北京统计局网站(http://edu.bjstats.gov.cn/)。

表4-4　　　　　　　　　　模型2系数[a]

模型		非标准化系数		标准化系数	t	显著性
		B	标准误	Beta		
2	（常量）	-48.047	15.633		-3.073	0.008
	科技人员密度	0.040	0.008	2.116	5.062	0.000
	就业密度	-0.004	0.001	-1.179	-2.821	0.013

注：a. 预测变量：（常量）科技人员密度，就业密度。

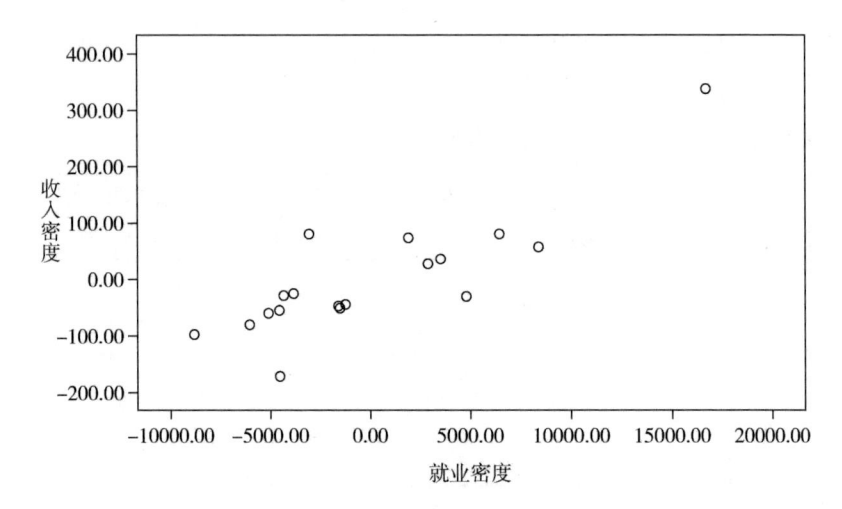

图4-1　就业密度与收入密度回归关系

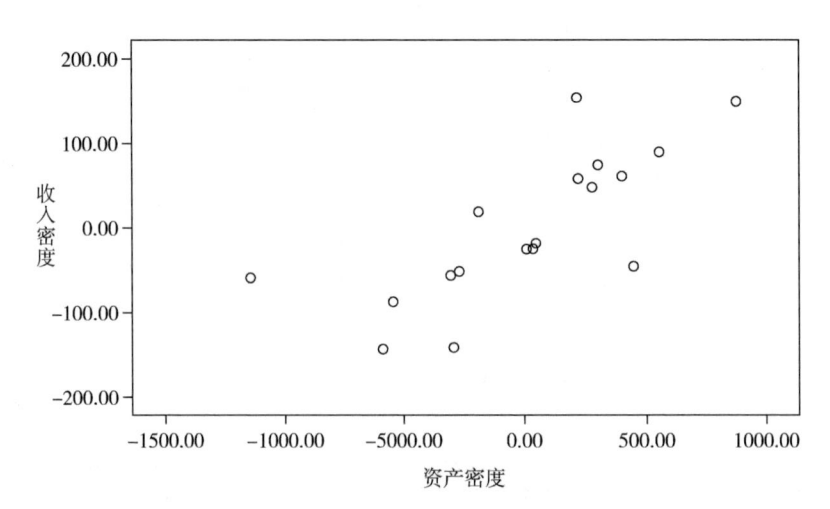

图4-2　资产密度与收入密度回归关系

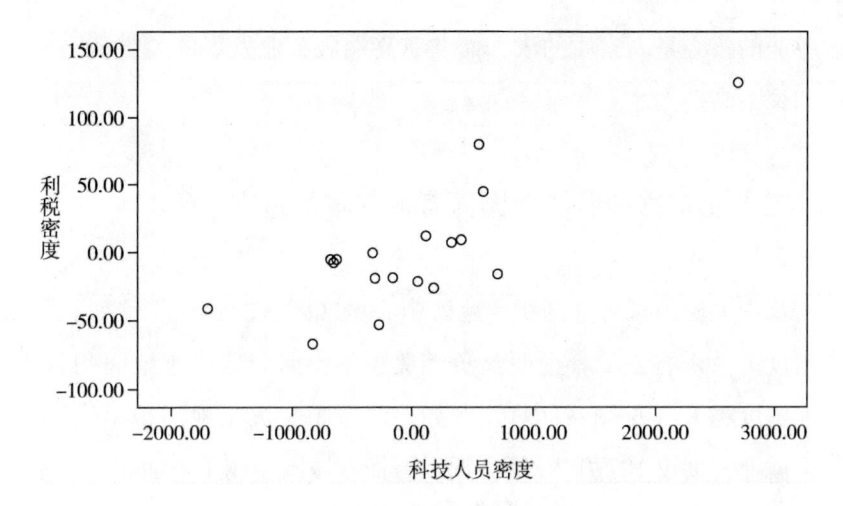

图 4-3 科技人员密度与利税密度回归关系

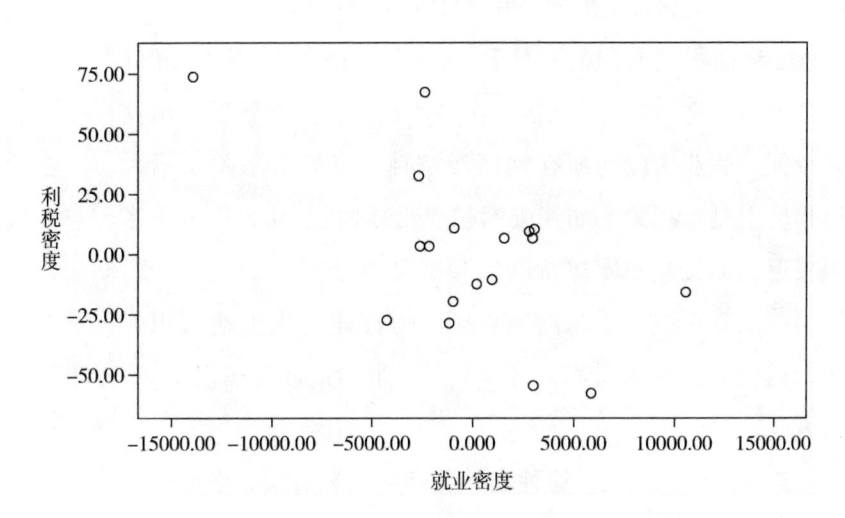

图 4-4 就业密度与利税密度回归关系

回归分析结果表明，这些园区的收入密度与就业密度及资产密度高度正相关，而利税密度则与科技人员密度高度正相关，与就业密度负相关。这说明，北京高端服务业是典型的劳动密集和资产密集产业，具有明显的规模效应，而高端服务业的质量主要取决于从业人员中的高端部分——科技人员。这再次印证了本书第一部分的分析——高端服务业的核心是高素质的人，而北京高端服务业发展的关键就是要吸引和聚集高端人才。

二　北京高端服务业园区资源密集的适宜水平

从中关村国家自主创新示范区中心城区园区的建成土地面积与就业密度关系来看，二者呈明显负相关关系：园区建成土地面积越小，就业密度越大（见图4-5）。例如，西城园建成土地面积10平方千米，就业密度仅10770人/平方千米，而东城园建成土地面积2.9平方千米，就业密度却高达28191人/平方千米。就业密度最大的两个园区——丰台园和石景山园——同时也是建成土地面积最小的。丰台园建成土地面积仅1.916平方千米，石景山园的建成土地面积仅1.334平方千米。此外，虽然园区情况各不相同，但大致反映出这样一个总体特征：就业密度与所在地区经济社会发展水平关系不大，甚至某种程度上是负相关。如朝阳园建成土地面积10.5平方千米，与西城园接近，但就业密度却高达22158人/平方千米，远高于西城园，接近面积仅2.9平方千米的东城园。海淀园建成土地面积135平方千米，但就业密度达到8837人/平方千米，接近面积仅10平方千米的西城园。

进一步研究发现，这种现象与园区划分有关，老园区与新建园区的划分有很大不同。中关村各园区的地理分布有一个很明显的特征：越是接近中心城区，园区中的子园区越是连片，越是远离中心城区，子园区越是分散，越是分散的园区，就业密度就越高。西城园有7.86平方千米的德胜地区和展览路地区大面积连片区域，海淀园也有120.31平方千米的中关村科学城和中关村软件园的连片区域，而东城园、朝阳园、丰台园和石景山园的子园区与西城、海淀同等成熟度地区相比则相对分散，连片区域比较小。其中原因，既与产业园区划分有关，

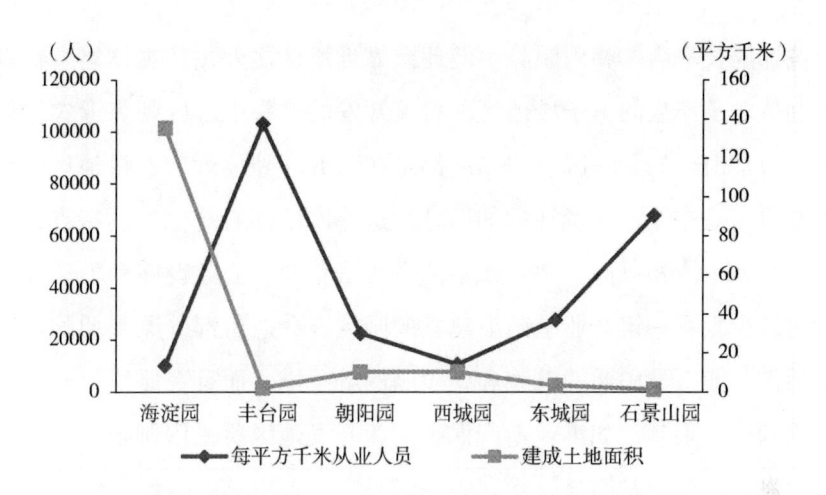

图 4-5　2016 年中关村中心城区园区建成区土地面积与就业密度关系

资料来源：根据《北京统计年鉴 2017》（http://edu.bjstats.gov.cn/）相关数据绘制。

也与地区发展形态有关。在发展成熟的城区，生产与生活密集交织在一起，很难划出一整块区域供产业独立发展，因此如果所划园区较大，则园区必然既包含生产设施，也包含生活设施，既包含从业人员，也包含居民，从业人员不可能大量聚集。实际上西城园的德胜地区和展览路地区包含大量高校、党政机关和居民区。海淀园的中关村科学城和中关村软件园地区包含清华、北大等大量高校和中科院多个院所等众多科研机构。这些机构很多都不是企业，而是行政事业单位，并不直接创造产值和利税。东城园之所以就业密度较高，就是因为园区划分比较精细，尽量把非产业部分分离出去。朝阳园、丰台园和石景山园作为城市功能拓展区，部分地区与城市核心区相连，部分地区远离核心区，与农村地区相连。靠近乡村的地区城市形态相对不成熟，城市功能不完善。在确立园区的时候，有的选择开发一片新区域，有的选择原来有一定产业基础的地区，而不是居民密集区域。如丰台园没有选在靠近二环的地区，而是把东区选在东南四环的花乡，把西区选在偏远的长辛店。朝阳园除了健翔园靠近城区之外，其主体集中在以前制造电子产品的电子城地区，后来开发的垡头中心区则靠近农村地区。石景山园的北一区、北二区都是在西五环外偏远的农村地区，首钢改造区是在原首钢搬迁后的旧址。这些园区都有一个共同特点，就是生产和生活相分离，园区聚集的主要是企业，公共设施和生活设施相对较少。有一定产业基础上建立的园区，会遗留部分原来的的职工生活区，如石景山园的首钢和朝阳园的电子城，而且在原址上开发还会受到一定限制，如工业遗产保护。新开发地区所受限制很少，纯粹产业发展特征非常明显，规划中一般只有产业设施、绿地和配套公用设施，基本没有住宅等生活配套设施。

中关村园区生产与生活分离的现象与政府的园区建设理念有关。北京市政府明确规定"在规划和建设过程中，要按照'布局集中、用地集约、产业集聚'的要求，依法、合理进行土地开发利用，严格执行国家及本市有关法律法规、政策规定及审批程序。集中新建区内土地，重点用于高科技产业项目和配套基础设施建设，严格控制从事其他项目建设，特别是不得用于住宅项目开发"。① 正是由于这种集中建设理念，导致新建园区与在成熟地区划定园区的就业密度有很大差异。

虽然中关村国家自主创新示范区的新建园区不考虑生活问题，但是从业人员的生活问题是必须解决的。不在产业园区内解决，就要在产业园区之外解决。按照《北京新总规》要求，产业用地占城乡建设用地比重 2020 年要下降到 25% 以内，2035 年下降到 20% 以内。按照未来 20% 的标准折算，每平方千米产业用地对应着 5 平方千米的城乡建设用地。这样每平方千米城乡建设用地的就业密度就仅为按照产业

---

① 《北京市人民政府办公厅关于做好中关村科技园区规划用地范围调整有关工作的通知》（京政办发〔2006〕16 号），《北京市人民政府公报》2006 年第 8 期。

用地计算的就业密度的 1/5。

中心城区各园区的老区和新建园区的情况不太相同。表 4-5 是国家发改委 2006 年公布的第五批国家级开发区中中关村园区的情况，其中核心区西城区的德胜园全部都是在老城区的基础上划定，没有集中建设区，而丰台园和石景山园则全部是集中建设，海淀园和朝阳园有部分是在老城区基础上划定，也有部分是集中建设。为简单起见，我们只对完全集中建设的丰台园和石景山园按照 1∶5 的城乡建设用地标准进行转换。转换后的数据如表 4-6 所示，从中可以看出折算后的丰台园和石景山园的就业密度回归正常范围。由于朝阳园也有部分集中建设区，如果按比例进行折算的话，其就业密度会进一步下降。由此，根据北京的现状，我们大致可以确定出北京高端服务业发展的适宜密度水平，老城区最高为东城园的 28191 人/平方千米，新建园区最高为丰台园的 20588 人/平方千米，分别代表北京不同发展形态下可能实现的最高水平聚集规模效益。

表 4-5 　　　　2006 年中关村科技园区中心城区园区面积[①]　单位：平方千米

园区	总面积	集中建设区面积
海淀园	133.06	20.82
德胜园[②]	8.64	0
丰台园	8.18	8.18
电子城[③]	16.8	5.84
石景山园	3.45	3.45

资料来源：《第五批国家级开发区名单》（国家发改委 2006 年第 3 号公告），中华人民共和国商务部网站（http：//www.mofcom.gov.cn/article/b/g/200603/20060301724128.shtml）。

[①] 中关村国家自主创新示范区是 2009 年批复的，之前的名字是中关村科技园区。集中建设区是指纯产业用地建设区，不包括生活用地。
[②] 德胜园包含了雍和园 3 平方千米的面积。
[③] 电子城包含了健翔园 4.04 平方千米的面积。

表4-6　中关村国家自主创新示范区中心城区园区的就业密度

密度	海淀园	丰台园	朝阳园	石景山园	西城园	东城园
就业密度（人/平方千米）	8837	20588	22158	13631	10770	28191

资料来源：根据中关村2017年年报（http://zgcgw.beijing.gov.cn/zgc/tjxx/nbsj/168427/index.html）和《北京统计年鉴2017》（http://edu.bjstats.gov.cn/）的相关数据计算。

三　北京高端服务业发展所需公共配套资源测算

（一）高端服务业发展需要成熟的社会环境

高端服务业作为高端人力资源密集型产业，其发展不同于工业，需要成熟的社会环境支持，既包括成熟的商业环境，也包括成熟的公共服务环境（基础医疗、基础教育、城市基础设施等）。从北京的情况来看，北京六大高端产业功能区中以高端服务业为主且园区地理空间比较集中的有四个：金融街、北京商务中心区（CBD）、奥林匹克中心区和临空经济区，但其中发展较好的只有金融街和北京商务中心区。金融街和北京商务中心区虽然面积不大，但是无论是资产、收入，还是利润都占了绝大部分，资产和利润占比更是达到90%以上（见表4-7）。二者都处于城市中心区（金融街处于核心区，北京商务中心区临近东二环），且都进行了扩容。金融街2007年由1.18平方千米扩容为2.59平方千米，北京商务中心区2009年由3.99平方千米扩容为6.99平方千米，表明其早期规划面积全部或者大部分均已建成。从业态看，金融街和北京商务中心区聚集的都是高端业态，而临空经济区和奥林匹克中心区聚集的是传统服务业和工业（见表4-8）。按照规划，奥林匹克中心区的发展定位是体育文化、旅游会展等高端产业；临空经济区的发展定位是以航空港为枢纽的国际交往中心区域和空港物流基地，以商贸、商务、会展等关联产业为核心的服务业基地，以高新技术产业、现代制造业为主的高度加工型制造业基地。不过二者虽然规划得很好，规划面积也很大，但高端服务业发展得并不好，与金融街和北京商务中心区的发展形成强烈反差。这说明高端服务业发展有其自身规律。要发展高端服务业，就必须遵循规律，打造一个适合高端服务业发展的环境。

表4-7　　　　2016年北京四大高端产业功能区比较[①]

功能区	规划面积（平方千米）	资产		收入		利润总额	
		数额（亿元）	占比（%）	数额（亿元）	占比（%）	数额（亿元）	占比（%）
金融街	2.59	720852.1	91.1	10016.0	39.1	4320.4	69.6
北京商务中心区	6.99	45139.1	5.7	7201.2	28.1	1335.9	21.5
临空经济区	170.00	8644.7	1.1	4149.0	16.2	330.4	5.3
奥林匹克中心区	67.40	16599.2	2.1	4269.9	16.7	220.8	3.6

资料来源：根据《北京统计年鉴2017》（http://edu.bjstats.gov.cn/）相关数据计算。

表4-8　　　2016年北京四大高端产业功能区主要业态比较[②]　　　单位：%

功能区名称	主要产业	收入占比	利润总额占比
金融街	金融业	73.1	72.4
	信息传输、软件和信息技术服务业	4.8	23.3
北京商务中心区	租赁和商务服务业	18.2	9.9
	金融业	25.1	72.5
临空经济区	工业	37.9	38.7
	交通运输、仓储和邮政业	36.7	42.0
奥林匹克中心区	批发和零售业	49.5	6.1
	交通运输、仓储和邮政业	3.0	36.4

资料来源：根据《北京统计年鉴2017》（http://edu.bjstats.gov.cn/）相关数据计算。

---

① 规模以上企业数据。
② 同上。

(二) 北京高端服务业发展所需资源测算

按照《北京新总规》要求，未来金融、科技、文化创意、信息、商务服务等高端服务业主要集中在北京商务中心区、金融街、中关村西区和东区、奥林匹克中心区等成熟功能区，北京城市副中心运河商务区和文化旅游区、新首钢高端产业综合服务区、丽泽金融商务区、南苑－大红门地区等有发展潜力的功能区，以及北京首都国际机场临空经济区和北京新机场临空经济区。除了成熟功能区，其他地区不但要大量投资建设园区，还要大量投资建设周边基础设施，以打造适合高端服务业发展的周边环境。

1. 测算标准

测算标准有两个：一个是规划标准；另一个是现实标准。规划标准按照《北京新总规》所规定的各种要求，包括人口要求、建设用地要求、产业用地要求等，进行测算。现实标准则以中关村国家自主创新示范区园区为参照。之所以选择中关村国家自主创新示范区园区作为参照标准，有三个原因：一是中关村国家自主创新示范区各园区分布在北京各个行政区，具有广泛代表性；二是中关村国家自主创新示范区的园区都是政府打造的，以此作为参照从政策上看具有较强的可操作性；三是其统计数据比较完善，获取比较容易。

中关村国家自主创新示范区中心城区各园区的收入密度和利税密度如图4－6所示。从图中可以发现，丰台园和石景山园的单位土地的收入和利税水平远远高于其他中心城区的园区，其中丰台园的收入密度最高，而石景山园的利税密度最高，代表着中关村国家自主创新示范区园区现有发展的最高水平。① 虽然这其中存在集中建设区和非集中建设区的差别，集中建设区按照1∶5的比例扩展后收入密度和利税

---

① 中关村国家自主创新示范区中心城区园区的发展水平总体上高于其他地区的园区，中心城区发展水平最高的园区也代表整个中关村国家自主创新示范区发展的最高水平。

密度都会降低，但是考虑到未来北京高端服务业主要以集中建设区的方式发展，丰台园和石景山园更具代表性。如果其他园区建设都能够达到这两个园区的水平，那么整个中关村国家自主创新示范区的发展水平将会有一个很大的提升。本着未来发展可能性的考虑，我们以这两个园区的数据作为测算参考标准。

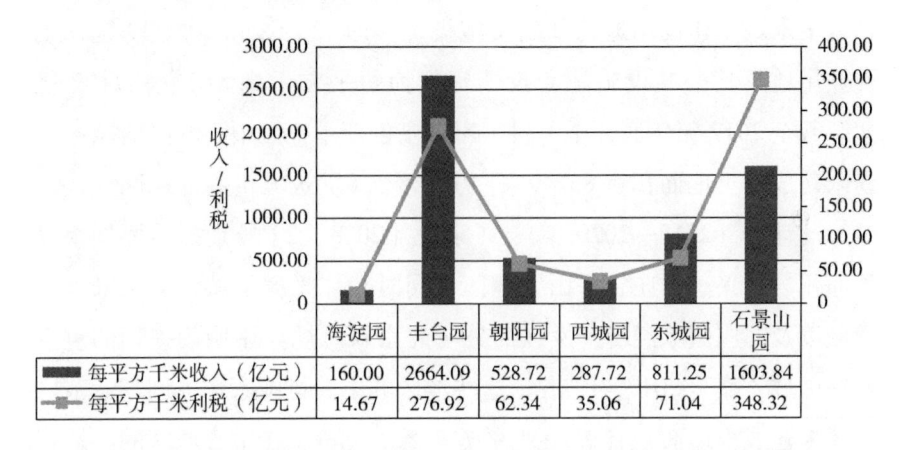

	海淀园	丰台园	朝阳园	西城园	东城园	石景山园
每平方千米收入（亿元）	160.00	2664.09	528.72	287.72	811.25	1603.84
每平方千米利税（亿元）	14.67	276.92	62.34	35.06	71.04	348.32

图 4-6　中关村国家自主创新示范区中心城区园区收入密度和利税密度

2. 投资测算

根据 2013—2017 年丰台园和石景山园的固定资产投资和园区建成面积的数据测算，丰台园投资密度为 985 亿元/平方千米，石景山园投资密度为 690 亿元/平方千米。① 将石景山园和丰台园的就业密度转换成居住人口密度，则石景山园人口密度达到 23036 人/平方千米，丰台园人口密度达到 37447 人/平方千米。② 这个密度已经达到或者超过北京人口密度最高的西城区，因此我们按照西城区的基础设施配套标准来计算丰台园和石景山园所需的配套基础设施投资。根据 2010 年西城和宣武合并后的新西城数据，2010—2017 年，西城区的基础设施投资

---

① 按照丰台园和石景山园 2014—2017 年建成土地面积之和以及 2013—2016 年投资之和进行测算，投资建成时间差按 1 年计算。

② 按照 2016 年总人口与就业人口的比例 1.69∶1 计算。

比较平稳，年均投资在 60 亿元左右。① 基础设施折旧年限长短不一，如房屋 30—50 年，道路 15—30 年，混凝土给排水管道 15—25 年等。综合一下，按照 25 年折旧标准计算②，则总投资为 1500 亿元，投资密度为 30 亿元/平方千米。按照产业用地和城乡建设用地 1∶5 的比例测算，1 平方千米产业用地除了自身的基础设施投资之外，还要配套 4 平方千米城乡建设用地的基础设施投资，即 120 亿元。加在一起，则产业用地及其公共设施配套投资密度为每平方千米 810 亿—1105 亿元。截至 2017 年年底，中关村国家自主创新示范区中心城区的园区中尚未建成的土地面积有 83.495 平方千米。《促进城市南部地区加快发展行动计划（2018—2020 年）》（京发〔2018〕23 号）提出要加快发展通州、大兴、亦庄、房山等地区。同时，怀柔科学城、昌平未来科学城以及亦庄国家经济开发区都是《北京新总规》中明确提到的重点发展区域。截至 2017 年年底，这些地区的中关村国家自主创新示范区园区未建成土地面积有 95.941 平方千米。无论是在中心城区的土地还是非中心城区的土地，这些未建成土地大多属于新建园区，与丰台园和石景山园情况类似。如果要建成现在丰台园和石景山园建成区的水平，新建中心城区园区所需投资在 6.7631 万亿—9.2262 万亿元，非中心城区园区所需投资在 7.7712 万亿—10.6014 万亿元，合计 14.5343 万亿—19.8276 万亿元。如果按照新规划设定的时间 2035 年完成，则年均投资 0.8075 万亿—1.1015 万亿元。2017 年这几个园区的固定资产投资额仅为 876 亿元，为所需投资 1/10 左右，如果按照目前的投资水平，则远远达不到《北京新总规》的要求。

3. 人口密度和用地测算

中关村国家自主创新示范区中心城区园区目前有 83.495 平方千米

---

① 参见 2011—2018 年《西城区统计年鉴》，西城区政府网站（http://www.bjxch.gov.cn/xcsj/tjnj.html）。

② 与产业园区投资相比，配套基础设施占比较小，因此，即使折旧年限有所变化，对投资整体需求的影响也不大。

的规划园区尚未建设。按照产业用地占建设用地20%的标准,将要占用417.475平方千米的城乡建设用地。按照石景山园和丰台园的标准,这些新建园区要吸纳961.7万—1563.3万人,这显然不符合北京减量发展的要求。按照《北京新总规》要求,中心城区人口要控制在1085万人。2017年中关村国家自主创新示范区中心城区园区从业人员为190.3万人,折算成居民人口是321.6万人。[①]减去这部分人口后,按《北京新总规》要求,剩余可用人口为753.4万人。再按照石景山园和丰台园的就业密度标准,减去金融街和CBD已经吸纳的人口[②],则剩余人口685.7万—708.6万人。即使不考虑任何其他因素,假设剩余的可用人员全部都是高端服务业的从业人员及其附带人口,则中心城区人口最多只能支撑起183.1—307.6平方千米建设用地的新建园区,合36.6—61.5平方千米的产业用地。可见,按照《北京新总规》要求,中心城区人口不足以支撑起中关村中心城区园区的新建产业用地的高效利用。实际上,2017年中心城区人口已经达到1208.8万。这些人口已经在城区处于就业或生活状态。按照要求,中心城区还需要往外疏解近124万人。新建园区吸引就业人口必然会导致中心城区其他地区就业人员的减少。同时《北京新总规》要求中心城区建筑面积动态零增长,因此,新建园区建筑面积的增加必然意味着中心城区已建成地区建筑面积的减少。

按照《北京新总规》要求,到2035年中心城区城乡建设用地要从910平方千米减少到818平方千米,同时集中建设区常住人口密度不超过1.2万人/平方千米,而2017年中关村国家自主创新示范区中心城区园区的建成区常驻人口密度已经达到18124人/平方千米,远超

---

① 根据中关村国家自主创新示范区2017年数据测算,从业人员与居民人口比例按1∶1.69计算。

② 金融街建成区按2.59平方千米计算,CBD建成区按3.99平方千米计算,从业人员与居民人口比例按1∶1.69计算。2013年后,统计部门不再单独发布金融街和CBD的数据,因此只能简单测算。实际上作为成熟功能区,金融街和CBD的就业密度比丰台园和石景山园更高。

规划要求。① 在目前中心城区园区生产效率没有明显提升的情况下，如果降低常住人口密度，就意味着降低单位土地的产值，如果同时减少建设用地，发展势必会受到较大影响，在减量的同时难以实现发展目标。

非中心城区园区中，按照《北京新总规》中限定的非中心城区总人口1215万人计算，若要达到丰台园和石景山园的规模效益水平，则需产业用地69.8—105.5平方千米，而目前中关村国家自主创新示范区非中心城区园区规划土地面积为180.6平方千米，远远大于人口所能支撑的产业用地规模。以通州区为例，其就业人口上限为80万人，能支撑的高效利用的产业用地面积为7.77—11.73平方千米，而通州园的规划面积为34.346平方千米，远远大于规划人口可支撑面积。可见，非中心城区的人口也不足以支持大面积的新区建设。

综上分析可以发现，现有的土地规划、人口规划和生产效率要求之间并不匹配。要达到《北京新总规》要求，同时实现减量发展的目标，就需要优化集中建设区空间结构，重新调整现有产业布局，使产业建设用地和就业人口进一步集中，提高土地利用效率。如果能够高效集聚配置土地和人口资源，则土地资源还可以有较大节约空间，减量发展从土地资源的角度来看是可行的。

第二节　国际经验借鉴

北京城市建设目标是国际一流的和谐宜居之都。纽约、伦敦、巴黎和东京作为世界公认的主要国际城市，国际竞争力非常强，在城市

---

① 中心城区园区建成区属于集中建设区，163.9平方千米中的绝大部分，包括海淀园、东城园、西城园、朝阳园（健翔园），共137.07平方千米，都属于产业和居住混合建设区。

性质上与北京发展战略定位比较接近,是北京发展值得参照的现实目标,它们的服务业发展情况对于北京有较强借鉴作用。本部分就以这四大国际主要城市为主要研究对象,分析国际大都市服务业发展的一般规律,以为北京高端服务业发展提供参考。

一 国际大都市高端服务业发展的一般特征

(一)高端服务业具有聚集发展特征

国际大都市的高端服务业具有聚集发展的特点,就业人口高度集中在中央商务区(见表4-9)。在国际大都市中央商务区,一般都高度集聚金融保险业、专业服务业等高端服务业,具有很高的土地产出效率,也成为高密度的就业中心,中央商务区的就业密度远远高于其他地区(见表4-10)。20世纪70年代以来,在生产者服务业迅速发展的同时,出现了FIRE和商务服务业向城市CBD聚集的趋势。有研究发现,20世纪80年代以来,纽约、东京、伦敦的FIRE和商务服务业比重都大于全国水平,而其中CBD FIRE和商务服务业的比重又大于全市水平。表4-11反映了纽约、东京和伦敦CBD中FIRE和商务服务业的聚集情况。这种高端服务业聚集沿CBD向周边扩散,密度逐渐降低。以伦敦为例,2011年伦敦市中心和威斯敏斯特就业人数约33.1万人,占伦敦金融和专业服务业总就业人数的一半左右,加上周边的白杨和莱姆豪斯、霍尔本和圣潘克勒斯、南伊斯灵顿和芬斯贝利、柏孟塞和老萨瑟克、贝夫诺格林和波、南哈克尼和肖尔迪奇以及切尔西和富勒姆,金融和专业服务业就业人数之和达53.8万,占伦敦金融和专业服务业总就业人数的82%。[①]

---

① 根据王德生《伦敦金融和专业服务发展概况》(上海情报论坛网站,http://www.istis.sh.cn)整理。

表4-9　　　世界主要国际城市中央商务区就业人口及占比

城市	商务区	商务区就业人口（人）	占城区就业人口比重（%）	年份
纽约	Brooklyn CBD	104312	1.1	1990
	Downtown Core	340028	3.6	
	Midtown Core	739452	7.9	
	Newark CBD	13423	0.1	
	South of 59 St.	1967000	21.0	
	Stamford（CT）	28014	0.3	
巴黎	CBD	1025000	20.1	1990
	La Defence	140000	2.7	2000
伦敦	CBD	1260500	21.0	1998
东京	Core CBD	2430000	15.6	2001
	Shibuya	440000	2.8	2001
	Shinjuku	605000	3.9	2001
	Yamanote Loop	4250000	27.2	2001
	Yokohama CBD	250000	3.3	2001

资料来源：根据http：//demographia.com/db-intlcbd.htm 提供的数据整理。

表4-10　　　世界主要国际城市中央商务区就业密度

城市	中央商务区	就业人数（人）	面积（平方千米）	就业密度（人/平方千米）	年份	城区人口密度（人/平方千米）
伦敦	CBD	1260500	29.79	42372	1990	5098
纽约	South of 59 St.	1967000	23.05	85522	1990	5407
	Downtown Core	340028	2.07	170368	1990	
	Midtown Core	739452	3.11	233838	1990	
巴黎	La Defence	140000	1.55	90021	2000	3677
	CBD	1025000	29.01	35345	1990	

续表

城市	中央商务区	就业人数（人）	面积（平方千米）	就业密度（人/平方千米）	年份	城区人口密度（人/平方千米）
东京	Shinjuku	604468	18.13	33173	2001	5934
	CBD Core	2434163	42.22	57791	2001	
	Shibuya	438895	15.02	29044	2001	
	Yokohama CBD	312446	27.71	11308	2001	
	Yamanote Loop	4245853	119.40	35506	2001	

资料来源：根据 http：//demographia.com/db-intlcbddensa.htm 和 http：//demographia.com/db-intlua-data.htm 提供的数据整理。不同城市城区人口密度所取年份不同：纽约和巴黎是 1990 年数据，东京是 2000 年数据，伦敦是 2001 年数据。

表 4–11 1997 年纽约、伦敦和东京 CBD 中 FIRE 和
商务服务业的比重

单位：%

城市	FIRE		商务服务业	
	占全市总 FIRE 就业份额	占全市或 CBD 总就业份额[1]	占全市总商务服务业份额	占全市总就业份额
纽约（曼哈顿）	92.2	22.8	82.7	11.2
东京 CBD[2]	40.9	9.2	28.0	28.9
伦敦 CBD[3]	20.7	78.3	20.2	19.6

资料来源：[美] 丝奇雅·沙森：《全球城市：纽约·伦敦·东京》，周振华等译校，上海社会科学院出版社 2005 年版，第 130 页。

高端服务业不但总体上呈聚集发展态势，在具体集聚上还会形成各具特色的集聚区。由于资源条件不同以及其他原因，不同集聚区所聚集的主要行业也有所不同，一般会形成以某种类型的服务业为主导的具有标志性的服务业集聚区，如表 4–12 所示。这些各具特色的服务业集聚区分工合作，共同构成城市总体的服务业格局。

---

[1] 此列数据纽约为占全市就业比重，东京和伦敦为占其 CBD 总就业比重。
[2] 包括千代田、都中央区和港区三个中央商务行政区以及新宿。
[3] 伦敦市的 FIRE 数据为 1995 年，商业服务业数据为 1981 年。

表 4-12　　主要国际城市的一些标志性服务业集聚区[①]

城市	典型集聚区	类别	主要功能
纽约	华尔街（曼哈顿）	金融服务	以证券交易所、投资银行、信托公司、联邦储备银行等为基础，建成了美国和世界的金融、证券交易中心
	SOHO 区	文化创意	以 PRADA（普拉达）、CHANEL（香奈儿）、LOUIS-VETTON（路易威登）等世界著名品牌店为载体，建成文化商业区
伦敦	道克兰	金融服务	集摩根士坦利、瑞士第一波士顿银行、花旗集团等世界知名金融机构的金融商务区
	伦敦西区	文化创意	建成了集戏剧创作、戏剧演出、影视制作、旅游等功能于一体的表演艺术产业集聚区
东京	银座大道	商贸流通	以和光高级洋品店、东京鸠居堂、华盛顿本店、银座等名店为载体，建成城市商业集聚区
	和平岛物流基地	物流仓储	建成了集运输、集散、储存、配送、配载、合装、国际中转、信息服务、维修服务等多功能于一体的物流综合服务基地
巴黎	拉德芳斯	总部经济	以超过 1600 家入驻企业，190 多家世界著名跨国公司总部和地区总部为主体，建成企业总部聚集区
	蒙田大街	研发设计	以克里斯汀·迪奥、香奈儿和华伦天奴等高级时装为主体，建成高档时装产业集聚区

（二）高端服务业发展呈从单中心向多中心扩散趋势

从 1965 年到 2000 年左右，国际大都市的人口都在大幅增加，但是城区人口在下降，如表 4-13 所示。但四大主要国际城市中，除了纽约市区人口略有增加之外，其他三个大城市都有明显下降。增加的人口都在郊区，呈现人口郊区化趋势。与此同时，中央商务区的人口所占比重也呈下降趋势。除了东京继续增长之外，其他三个世界城市都在下降。其中伦敦和巴黎中央商务区的就业人口绝对量在下降（见表 4-14）。对比表 4-11 和表 4-12 可以发现，中央商务区就业密度变

[①] 周健：《国际特选中心城市服务业发展概述》，《当代经济》2013 年第 19 期。

化与人口规模以及聚集水平有关。伦敦和巴黎不但城区人口规模远低于纽约和东京,而且城区人口大幅下降,从而带动中央商务区就业密度下降。纽约和东京虽然人口规模差不多,但东京中央商务区的聚集水平远远低于纽约,因此虽然东京城区人口下降,但其中央商务区的集聚水平依然处在上升阶段,而纽约中央商务区因其集聚密度太高,即使城区人口在增加,但中央商务区因集聚水平达到自然承载极限而开始下降。这说明中央商务区人口聚集到一定程度就会自然扩散。不过这种自然扩散并没有改变高端服务业聚集发展的特性,而是经历了一次功能更新,走向更加高级化、专业化和国际化。

表4-13　　　　　国际主要城市及其城区人口变化

城市	1965年人口（万人）		近期人口（万人）		年份
	城市	城区	城市	城区	
东京	2101.7	889.3	3341.3	813.0	2000
纽约	1632.5	808.5	2176.7	808.6	2003
伦敦	1293.0	317.5	1394.5	276.6	2001
巴黎	800.0	280.0	1117.5	212.5	1999

资料来源：根据http://demographia.com/db-worldmetro5m-1965.htm提供的数据整理。

表4-14　　　国际主要城市中央商务区就业占城市比重变化　　　单位：%

城市	中央商务区就业占比		中央商务区就业占比变化	中央商务区新增就业占比
	1960年	1990年		
伦敦	32.0	30.7	-4.0①	—
巴黎	24.9	16.9	-32.3	-11.80
东京	25.8	27.7	7.4	30.50
纽约	29.9	21.9	-26.7	3.80

资料来源：根据http://demographia.com/db-intlcbd-trend.htm提供的数据整理。

---

① 伦敦采用的是中央商务区就业占城区比重,而不是占城市比重。由于城市人口郊区化现象比较明显,因而1990年中央商务区实际就业占比下降应该更大。

实际上，大都市中央商务区发育存在一个由单中心集聚向多中心集聚的过程。这种扩散主要表现为向少数郊区中心集聚的结构性扩散趋势，进而促使都市区多中心结构模式的形成。从发达国家的实践来看，中央商务区在发展过程中，因受各种条件限制或者出于历史文化保护的需要，发展到一定程度便会遇到困难，难以继续扩展，这时政府便会另外选址建设次级中央商务区心（Sub‐CBD），从而形成由一个核心CBD及若干个Sub‐CBD组成的多中心系统。高端服务业在都市区内部分化为在CBD与其外围的内城区和在内城区与边缘区的二元空间分异格局。纽约、东京等国际大都市的多个CBD正是这样一种发展的结果。不过次级中央商务区（Sub‐CBD）虽然是CBD扩散的产物，但其形成过程依然呈集聚态势，在分散核心CBD部分功能的同时，又聚集了周边地区高层次商务功能。这种在旧中心扩散的同时新中心聚集的现象，正体现了城市化发展的基本动力。

研究表明（Coffey，Shearmur，1996），欧美发达都市区的生产性服务业自20世纪70年代就开始向郊区扩散。最先向都市区内扩散的是一些标准化程度比较高的程序化"后方办公"活动，如数据处理、快递业务和信用卡服务等，而需要与客户直接接触的"前方办公"活动，如公司总部管理、商务服务和金融服务等，仍然集中在中央商务区。20世纪80年代后期开始，欧美都市区开始出现新的郊区化浪潮。高端服务业，包括与其互补的总部办公职能，也开始离开核心中央商务区向郊区转移，并集中于"郊区就业中心""次级中心""边缘城市"等郊区办公集聚区。[①] 不同城市生产性服务业的扩散存在显著差异。在北美部分都市区，如洛杉矶、亚特兰大等，生产性服务业空间

---

① Coffey, W. J., Shearmur, R. G., *Employment Growth and Change in the Canadian Urban-System* 1971—1994, Ottawa: Canadian Policy Research Network, 1996, pp. 24–25.

发展进入普遍扩散阶段，而包括纽约、芝加哥、波士顿在内的大部分国际大都市的生产性服务业仍保持着高度中心化倾向，空间上主要集聚在中心城区和近郊区范围内。

（三）高端服务业与其他产业呈圈层梯度分布

沿核心区从内到外，国际大都市圈形成了核心圈、内圈和外圈三个圈层。每个圈层聚集的产业显著不同，其中高端服务业聚集在核心圈，工业和部分服务业聚集在内圈，而制造业和第一产业聚集在外圈。每个圈层就业密度差异很大，土地产出效益土地产出效益也存在显著的差异，从内到外呈梯度分布，高端服务业的高收益效应非常明显，如表4-15所示。

表4-15 若干国际大都市圈产业布局与土地效益比较（2002年）

都市圈		面积（平方千米）	主导产业	地均产出（万美元/平方千米）	地均就业（人/平方千米）
东京大都市圈	东京都	2102	服务业、批发零售业、金融业、出版印刷业	37192	4091
	内圈	11178	批发零售业、石油化学工业、钢铁业	5633	961
	外圈	23068	农林、机械制造业	1203	171
纽约大都市圈	纽约市	800	金融保险业、专业技术服务业、服装业	56064	3048
	内圈	18639	化学工业、批发零售业	4185	206
	外圈	17636	农林、建筑业	341	25
巴黎大都市圈	巴黎市	105	金融业、企业服务业、商业、服装制造业	203676	14268
	内圈	657	化学工业	34015	2607
	外圈	11250	农林、汽车制造业	1499	143

资料来源：高汝熹等：《2007中国都市圈评价报告》，上海人民出版社2008年版，第235、243页。

（四）服务业发展具有阶段性特征

从国际大都市服务业发展历程看，服务业发展是一个漫长的过程，呈现阶段性特征，一般有三个阶段。

第一阶段是快速发展阶段。这一阶段从第二次世界大战后不久到20世纪70年代。随着第二次世界大战后以制造业为代表的工业的衰退，现代服务业快速发展，其中金融保险、房屋租赁、信息通信、商务服务等行业发展最为显著。东京服务业增加值从1966年的96.8亿美元上升到1975年的526.9亿美元，服务业增加值比重达68%。纽约的金融保险及房地产业增加值由147.4亿美元增加到337.8亿美元。从1951年到1981年，伦敦银行保险业就业比重由4.4%上升到13.2%，专业服务业就业比重由6.8%上升到16.2%。

第二阶段是优化发展阶段。这一阶段从20世纪70年代中期到20世纪末。在经历石油危机之后，发达国家经济陷入停滞状态，工业进一步衰落。为了应对石油危机带来的能源、原材料等初级产品价格大幅上涨的挑战，发达国家服务业开始向知识技术密集型生产性服务业转变。服务业需求依然旺盛，继续保持快速发展的势头。纽约服务业增加值从1975年的1210亿美元增加到1997年的5710亿美元，同时就业人数为1975年的1.3倍，达到827万人。东京1999年服务业增加值比重高达76.4%，比1970年提高了15个百分点。另外，一些消费性服务业比重相对下降。伦敦比较有代表性的批发零售业在服务业内部占比由1977年的36.8%下降到1999年的23.1%。纽约批发零售业增加值占服务业比重由22.6%下降为15.3%，就业人数占服务业比中也下降了3.2%。随着20世纪70年代信息技术的兴起，涌现出一批以信息服务业为代表的新兴服务业，国际大都市成为信息服务业发展的主阵地。伦敦市信息服务业为欧洲最快，年均增长率超过7%。2000年纽约成为全美领先的互联网枢纽都市。东京信息服务业在20世纪90年代销售额占全国的1/2。此外，信息技术的发展也促进了一批以知识密集为特征的服务业的发展,文化创意业、咨询业、医疗健康业等新兴服务业成为 21 世纪现代服务业发展的重要内容。

第三阶段是平稳发展阶段。服务业增长到占经济总量比重 80% 左右的时候,就会面临增长乏力的局面,增长速度就会逐步放缓。在达到 85% 之后,服务业就进入整体平稳发展阶段。美国经济分析局、东京都统计局、英国国家统计局相关数据显示:1986 年,纽约州服务业占比首次超过 80% 后增速放缓,2005 年占比接近 90% 后,三次产业结构基本趋于稳定;2000 年,东京都服务业增加值占 GDP 比重超过 80%,进入年均增速仅为 0.4% 的相对稳定发展阶段;2008 年,东京都服务业增加值占比超过 85%、人均 GDP 超过 6 万美元,金融保险业与制造业呈现出同步发展趋势,比值相对稳定在 10∶6 左右。1997—2009 年,伦敦服务业呈现缓慢平稳增长态势,占 GDP 比重由 88.0% 提升至 91.7%,12 年间增加了 3.7 个百分点,自 2009 年至今,服务业占比趋于稳定,总体维持在 91.5%—92.0%。[①] 进入这一阶段,这些国际大都市就会根据自身特点,重点扶持那些具有突破性发展潜力的服务业,如纽约选择数字经济和金融科技,东京选择动漫游戏与设计,伦敦选择创意产业等,推动服务业进一步优化升级。

二 纽约、伦敦、东京和巴黎服务业发展历程

(一) 纽约

纽约是美国最大的城市,是美国的经济中心,也是世界金融、贸易中心、文化中心以及信息中心。在 2006 年国际城市竞争力排名中,纽约城市竞争力排名全球第一,是国际大都市的成功典范。2005 年,

---

① 夏翊、郭宏达、李柏峰:《国际大都市服务业发展规律及启示》,《前线》2018 年第 9 期。

纽约三次产业产值构成比为0.2∶11.4∶88.4，服务业产值占GDP的比重达88.4%。同年，纽约三次产业就业构成中服务业就业比重为89.3%。①

纽约最早是一座商业城市。17世纪初，曼哈顿以商贸立埠，是美国早期开展农产品对外贸易的重要窗口。19世纪前期，纽约贡献了全美进口额的一半和出口额的1/3，成为美国贸易中心。繁荣的对外贸易加上便利的交通运输条件，推动制造业19世纪初在纽约逐渐兴起。1860年，纽约制造业产值已攀升至全美第一，成为美国制造业中心，掌握着当时制造业三大部门——炼糖业、出版业和服装加工业的命脉。商贸的兴旺发达促使大量资本积聚于纽约，使纽约也成为美国金融中心。三大行业中心使19世纪纽约成为一个经济功能齐全的大城市。进入20世纪，纽约更成为文化艺术中心，保健、教育中心，室内设计中心，时装中心，旅游中心，信息中心。20世纪七八十年代，纽约的金融服务业以及其他基础服务业开始取代传统制造业，成为引领城市经济发展的主要驱动力。但受服务业发展阶段和水平的限制，未能及时吸收来自制造业的失业人口，导致城市失业率节节攀升。同时，大量制造业总部的外迁、城市税收下降、国有资产和服务私有化改革，使失业情况进一步恶化。随着纽约晋升成为世界级的金融中心，服务业成为城市的支柱产业，发达的金融服务业带来了更高层次和更多数量的就业机会。2000年服务业为纽约解决了81.7%的就业人口。②

第二次世界大战结束前，纽约制造业的就业人数一直在持续增长，不过其就业占比在1880年达到37.6%的峰值后就开始不断下滑。20世纪50年代初，纽约服务业的产值超过制造业，成为主导产业，而制

---

① 韩景华：《国际大都市服务业发展的经验及启示》，《经济纵横》2008年第7期。
② 王静波：《若干世界大城市服务业发展态势研究综述》，上海情报服务平台（www.istis.sh.cn）。

造业在各种条件共同作用下进入全面衰退期。1965年就业人数占比降至1/4。以银行、咨询、设计、广告等为代表的生产性服务业快速发展，逐步取代传统服务业，成为服务业主体。

1970—1990年，纽约制造业进一步衰退，1988年就业人口进一步降至10%左右，同时工业公司总部大规模外迁。《财富》杂志所列美国最大500家工业公司中总部设在纽约的在1965年有128家，1976年降为90家，1988年仅剩48家。这期间服务业发展速度远高于制造业。制造业产值增速3.7%，金融保险房地产业9.9%，服务业9.6%，商务服务业9%，娱乐业10.9%，健康服务业10.3%，法律服务12.4%，教育服务7.7%。在这些快速发展的服务性行业中，部分为生产性服务业，部分为居民消费性服务业，它们的共同特点是知识含量较高。①

20世纪90年代开始，纽约金融、保险、房地产业占GDP的比例大幅度上升，由1990年的26%上升到2000年的37%，其中金融业是对经济贡献最大的产业部门，2000年在纽约市总产值中占比24%，而且该产业刺激了大量次要产业部门的就业与投资。1991—2000年商务服务占整个服务业的比重大幅上升，从1990年的18%上升到2000年的23%，上升了5个百分点，就业增长占纽约服务业的42.7%。这些快速增长的服务业主要集聚在曼哈顿地区。据纽约市1993年统计，各行业在曼哈顿地区集中的情况是：金融、保险和房地产占89%以上，商业服务业将近86%。② 其中，最为集中的是曼哈顿中央商务区。曼哈顿中央商务区包含老城（Downtown）和中城（Midtown）两部分。老城是以华尔街为中心的金融贸易集聚区，集中了大银行、保险公司、交易所及上百家大公司总部，是世界上就业密度最高的地区。中城是

---

① 李金勇：《上海生产性服务业发展研究》，博士学位论文，复旦大学，2005年，第55页。
② 杨雅琴、王丹：《国际大都市现代服务业集群发展的比较研究——以纽约、伦敦、东京为例的分析》，《世界经济研究》2005年第1期。

以第五大道为中心的商业区，云集了世界一流的名店、娱乐厅、酒吧等商业服务业，帝国大厦、克莱斯勒大厦、洛克菲勒中心等著名建筑都坐落于此，许多非营利性机构，如工会、研究部门、专业团体、政府机构等，也都集中于此。由于良好的环境，相关的专职事务所以及商业服务业也在此聚集发展起来，甚至一些设在老城的保险业及银行也被吸引过来。

2017年纽约的产业结构中，服务业比重超过90%。从就业看，纽约居民中从事最多的行业是健康照顾和社会救助业，占比高达18%；其次是专业、科学和技术服务业①，占比高达10%；零售业和教育业占比都在9%；制造业仅占3%，主要是服装业、印刷业和食品业等典型都市型产业。纽约增加值占比最大的两个行业——金融保险业和房地产及租赁业占比却并不太高，金融保险业占6%，房地产及租赁业仅占3%。②文化创意产业尽管占比不高，但近年来增幅显著，新增就业岗位较多，对相关产业的拉动效应也非常明显。

在纽约服务业发展过程中，政府发挥了重要作用。政府加强基础设施建设，为企业发展创造良好的环境，并通过规划来引导产业集群的发展。纽约非常重视交通、场馆等基础设施建设，修建了穿过市中心区的地铁，在曼哈顿岛南端建成了宽阔的环型高速公路；建设了容量大、可靠性高的通信网络，每天为全美乃至全球1600家金融企业2600万宗交易提供服务，为其全球金融中心地位提供了坚强的技术保障；建立了自动化立体仓库、自动分拣系统和电子订货系统，大幅度降低库存，提高物流效率。纽约市政府还对格林尼治街和第五大街采取了一些调控手段，改善投资环境，以解决曼哈顿中央商务区产业发

---

① 美国统计局对"专业、科学和技术服务业"（Professional, Scientific, and Technical Services）行业的范围界定如下：法律服务，会计及相关服务，建筑、工程及相关服务，计算机系统设计和相关服务，设计服务，管理、科学和技术咨询服务，科学研究与开发服务，广告服务及其他专业科技服务等。

② 这部分数据来源于Data USA网站（https://datausa.io/profile/geo/new-york-ny）。

展不平衡问题。

(二) 伦敦

伦敦是金融业非常发达的城市，不但拥有世界上 70 多个国家的上千家外国金融分支机构，是外国金融分支机构拥有量最多的国际金融中心，而且是世界上最大的国际保险中心、最大的外汇交易市场、最大的基金管理中心、全球黄金交易结算中心和世界上最大的欧洲美元市场。2003 年伦敦金融服务产值占全国的比重高达 42%。2004 年服务业产值在伦敦经济中的比重在 88% 左右，伦敦的服务业就业人数更是高占 90.2%。[①]

在 17 世纪中期伦敦成为英国的首都，同时成为英国的贸易中心和手工业中心，其贸易量占全国的 80%。18 世纪初期，受贸易需求引发的融资服务需求的刺激，伦敦货币市场开始兴起。18 世纪末，受工业革命的影响，英国的纺织业、采矿业和铁路运输业也开始发展起来。与之相适应，伦敦的国际贸易业、工业、金融业和交通运输业也发展起来。尤其是金融业，当时英格兰银行和主要商业银行的总部都设在伦敦，伦敦成为欧洲的国际金融中心，1870—1914 年发展达到鼎盛，其吸收的存款量占英国存款总量的比例在 19 世纪末期曾高达 70%。20 世纪初，伦敦开始大力发展工业，尤其是制造业。20 世纪 30 年代，伦敦建立起电气机械、汽车、飞机等一系列新兴工业部门，变成了英国的制造业中心，也成为当时资本主义国家中工业规模最大的城市。据统计，1951 年伦敦制造业的就业人数高达 140 万人，约占伦敦就业总人数的 33%。[②] 20 世纪 50 年代以后，随着西欧其他国家在经济上的崛起和部分英联邦国家的独立，英国的经济总量逐步落

[①] 王静波：《若干世界大城市服务业发展态势研究综述》，上海情报服务平台（www.istis.sh.cn）。

[②] 朱晓青：《北京现代服务业的现状与发展路径研究》，经济管理出版社 2011 年版，第 47 页。

后于德国、法国和日本等工业化国家，伦敦制造业的比较优势也逐渐丧失，在达到顶峰后一直下滑。制造业衰退的同时，金融与商务服务业逐渐崛起。

1961—1971年，英国制造业和运输业先后陷入衰落，整个大伦敦区有50多万人失业，加上英国政府推行的"新城运动"，郊区化过度，伦敦3万名码头工人中只有3000人留下来。20世纪70年代和80年代的大萧条，更是沉重打击了英国经济，大部分制造业基地消失，重工业企业如贝克顿煤气公司、格林尼治煤气公司相继关闭，以港口为基地的工业开始萎缩。1971—1981年，整个英国损失了200万个工厂就业岗位，到1981年，伦敦港区失业率达到18.6%，整个码头区最后一个老码头——最大的"皇家码头"也正式宣布关闭。①

从20世纪60年代开始，伦敦加大产业结构调整的力度，大力发展生产性和消费性的服务业，特别是充分利用伦敦作为国际贸易中心和国际金融中心的历史地位，大力发展现代服务业。60年代伦敦开设美元市场，70年代后随着金融自由化和国际化浪潮，各种金融创新层出不穷，伦敦金融业高速发展，成为全球规模最大的国际金融中心。70年代末到80年代初，以金融业为主的生产性服务业取代了传统工业。此后30年，以法律服务、会计服务和商业咨询为主的商务服务业在伦敦异军突起。金融从业人员从1951年仅占伦敦就业总数的7%，为19万人，增加到1989年的85万人，2006年增到146万人，约占伦敦就业总数的近40%。② 在1984—1987年伦敦中心区生产性服务部门在总就业人数中的比重从11%上升到18%，到1989年达到20%，而其他行业就业人数则出现相对或绝对下降的趋势。③ 1989年伦敦市总

---

① 冯禹丁:《伦敦：置之死地而后生的复兴》，《商务周刊》2010年6月刊。
② 朱晓青:《北京现代服务业的现状与发展路径研究》，经济管理出版社2011年版，第47页。
③ 唐珏凤:《生产服务业集聚——大都市形成与发展的必由之路》，《广西社会科学》2006年第2期。

产值中，生产服务业产值达到40.8%。①

1990年，始于美国、席卷全球的经济萧条来临，之后三年里伦敦的金融和商业服务业工作岗位减少了9万个，伦敦及其周边的办公区面积空置了1/6，许多美国银行从伦敦撤离。到1992年4月，伦敦中心区办公楼的空置率已经达到18%，在道克兰空置率更达到50%，金丝雀码头超过40%。② 面对金融服务业发展趋缓，英国政府开始有意识地推动产业转型，把创意产业作为经济发展新动力，系统推动创意产业发展，以创意产业为主的新兴产业开始在大伦敦地区异军突起。创意产业成为伦敦主要产业部门之一，产出和就业量仅次于商业服务业。1995—2000年，创意产业产出年均增速达8.5%，超过了其他各个产业。此外，创意产业还取得了生产率年增4%、就业量年增5%的优异表现。2001年，伦敦创意产业的总产出达210亿英镑，成为仅次于商业服务业320亿英镑产出的第二产业。③ 经过不懈努力，伦敦成功把自己打造成了"世界创意工厂"。

伦敦金融业主要集中在1.4平方英里的伦敦城，这里集聚了500多家外国银行、180多个外国证券交易中心，名列世界500强的企业有375家在金融城设了分公司或办事处。④ 2017年其就业人口达到51.3万，占伦敦的10%，全英国的1/58。其中，金融业、专业服务业和相关的商业服务人口达到37.7万人，占全部人口的3/4。增加值600亿英镑，占伦敦的14%，英国的3%。⑤ 1980年后，作为伦敦码头区更新的核心组成部分，CANARY商务区已经发展成为全球闻名的银

---

① 王静波：《若干世界大城市服务业发展态势研究综述》，上海情报服务平台（www.istis.sh.cn）。
② 冯禹丁：《伦敦：置之死地而后生的复兴》，《商务周刊》2010年6月刊。
③ 钟婷：《创意产业：伦敦的核心产业》，http://www.sgst.cn/xwdt/shsd/200705/t20070518_110178.html。
④ 魏岗：《全球超级富豪"扎堆"住伦敦》，《深圳特区报》2008年1月13日。
⑤ "The City Statistics Briefing", City of London, https://www.cityoflondon.gov.uk/business/economic-research-and-information/Documents/city-statistics-briefing.pdf.

行总部以及金融和商务产业的集聚地,该地区提供的就业岗位数量由20世纪90年代初的19000个增加到2001年的57000个,其中金融和商务服务业就业岗位的增加量贡献最大。①

为了推动伦敦服务业发展,英国和伦敦政府采取了很多措施。例如,为推动文化创意产业发展,伦敦2005年设立了1亿英镑的"创意之都基金",为伦敦创意产业提供原始资本投入和商业支持。伦敦发展局每年投入3亿多英镑支持创意企业的成长、新创意工作的开拓以及新创意团体的发展。此外,英国政府还成立创意产业专责小组为创意产业从业者尤其是中小创意企业寻求资金。伦敦政府则设立"创意伦敦"工作组和伦敦创意产业评估委员会,解决创意产业发展面临的投融资、用地和人才等问题。为促进企业和社会增加创新投入,英国出台了相应的税收减免政策。伦敦发展局也制定了《伦敦创新战略与行动计划》,将"世界领先的知识经济"作为伦敦发展目标。

(三) 东京

东京是日本的首都,也是全球重要的金融中心和物流航运中心。与纽约、伦敦不同的是,在第三产业迅速发展的同时,东京仍是日本工业最发达的城市之一。从20世纪50年代中期开始,在优先发展重化工业的产业政策指导下,日本经济开始腾飞,东京初步形成以重化工业为主的产业结构。60年代中期后,东京的产业结构开始发生变化,服务业产值比重和就业比重稳步上升,第二产业比重逐步下降。在80年代以前东京一直是日本最大的工业中心。此后,因工业外迁,其工业地位有所下降,但仍是日本重要的工业城市。1987年,东京工厂数量、工业销售额分别占全国的12%和7.3%,仅次于爱知县、神

---

① 《北京市生产性服务业发展策略研究报告》,http://www.bjghw.gov.cn/web/static/articles/catalog_18/article_ff80808122a8e5730122aac2f1ff000d/ff80808122a8e5730122aac2f1ff000d.html。

奈川县和大阪府，居全国第四位。①

从20世纪60年代开始，为应对内外部环境变化，东京制造业经历了几次大的更替提升。60年代，随着国内劳动力成本上升、国际原材料价格波动以及重工业带来的严重环境问题，东京转向加工组装类轻工业；70年代为应对两次石油危机爆发所带来的能源价格上涨，东京政府大力推动钢铁和化工等高能耗产业外迁；80年代为缓解日元汇率上升对出口带来的不利影响，东京政府开始大力扶持电气机械和运输机械行业，鼓励通过技术创新来提高产品附加值；90年代随着化工技术快速发展并应用于医药领域，东京工业产品附加值大幅提升，并带动化工和食品行业等资源型产业重新崛起。在制造业内部结构优化升级的同时，其发展区位也开始转移。一些非核心业务被逐渐外包出去，东京很多制造业企业纷纷迁到国外或横滨一带。同时，东京出现了一批创新型中小企业，以新产品的试制开发、研究为重点，从事与工业有关的研发和技术创新工作，在内城中也保留以大田区机械工业集聚区为代表的制造业，并使其发展成为以创新为特征的日本机械工业中心，从而保持了东京主导工业的发展态势。通过重点发展知识密集型的"高精尖新"工业，并将"批量生产型工厂"改造成为"新产品研究开发型工厂"，东京从传统工业向"都市型"工业转变，环境有了很大改善。同时，工业企业越来越多地利用分工更为专业、功能更为强大的服务性企业来整合自身的技术和服务平台，这在很大程度上促进了服务业的发展。

1957年东京工业用地所占比例达到31.9%。随着工业向郊区迁移，大都市市区内的工业用地不断减少，而商务办公用地比重逐步上升，商务办公建筑面积增加，并在中心城区尤其是中央商务区（CBD）

---

① 汉镒资产研究院：《中国现代服务业发展研究报告》，http://wenku.baidu.com/view/f70e74669b6648d7c1c746e5.html。

形成高度集聚态势。20世纪70年代中期以后，日本进入了经济服务化时期。东京以其独特的优势又成为服务业集聚之地。随着经济高速发展，人口和服务业能急剧向东京集中，满足首都"中枢管理职能"的产业迅速发展壮大，尤其是新兴的科技开发、情报信息、金融保险业发展非常快。东京也紧紧抓住机会，大力发展相关服务业。到20世纪80年代末，东京集中了日本国内约一半的信息、研发、广告业就业人员，当地银行储蓄和贷款总数占全日本的36%和46%，东京的外国银行数高达全日本的99%。1996年在东京地区生产总值中，服务业已占到76.7%，而工业仅占23%。其中，以钢铁、有色金属、石油化工和煤炭为代表的传统加工业仅占东京地区生产总值的10%，而以印刷、电子信息、精密仪器、汽车、服装、化妆品和食品为代表的具有文化和高科技色彩的加工业却占到东京地区生产总值的13%。[1] 第三产业结构内部也发生了较大的变化，情报信息业、广告业、金融保险业等发展非常快，20世纪90年代末，金融保险业占东京都生产总值的比重达到12.5%，比20世纪80年代初上升约6个百分点。[2] 通过20世纪70年代以来的产业结构调整，东京不仅变成了真正的日本经济中心和亚太地区重要的信息枢纽，也变成了世界金融中心和日本的商务服务中心、科技服务中心以及文化教育中心。进入21世纪，日本政府不断推动文化创意产业发展，东京从事文化创意产业的就业人员占比达到15%，其中动漫产业是文化创意产业中发展最好的部门。

日本政府从20世纪50年代后期开始制定三大都市圈发展规划，每10年修订一次。首都城市圈发展规划除了规划丸之内金融区、新宿

---

[1] 朱晓青：《北京现代服务业的现状与发展路径研究》，经济管理出版社2011年版，第51页。

[2] 唐珏凤：《生产服务业集聚——大都市形成与发展的必由之路》，《广西社会科学》2006年第2期。

商务办公型副中心区和临海商务信息区三个层次外,还把东京市外的幕张副中心和横滨纳入东京大都市圈和东京湾开发区域整体规划中。依靠科学的城市规划,日本政府推动东京产业不断转型升级和持续发展。

(四) 巴黎

巴黎是法国的首都,中心区面积 105 平方千米,人口 218 万,城区面积 2723 平方千米,人口 1014 万。① 巴黎是法国政治、经济、文化中心和交通枢纽,是欧洲最大的城市、欧洲现代化工业中心,也是著名的国际文化中心以及世界著名的国际城市。在教育、娱乐、媒体、时尚和艺术方面具有全球影响力。巴黎在法国经济中具有举足轻重的地位。1990 年,巴黎大区的生产总值占全国的 26%(巴黎市区又占巴黎大区的 50%),人均生产总值 10000 美元以上(高出全国 52.9%),工业产值占全国的 1/4,职工人数占全国的 1/5,商业额占全国的 1/3,第三产业生产总值占全国的 33%,进出口贸易占全国的 24%。②

19 世纪初巴黎就已是法国贸易和金融的中心,工业以奢侈品为主。之后,化学工业和冶金工业发展较快。冶金工业就业人员曾达到 70 万人,产值占全部法国冶金工业的 43%,成为巴黎主导产业。20 世纪初,电子工业、汽车制造业、航空工业快速发展,巴黎成为法国最重要、最完备的工业区。第二次世界大战后,巴黎工业和人口规模急剧扩大,巴黎地区面积只占国土面积的 2.2%,而人口竟达 1000 万,占全国人口的 19%,就业人口占全国就业人口的 25%,工业就业人数占全国的 22%。③ 由于工业和人口的高度集中,巴黎地区地价大幅度上涨,其地价达到中等城市的 10—15 倍,由此引发工业产品成本过

---

① 法国统计局(INSEE)2006 年普查数据,https://www.insee.fr/en/accueil。
② 李琳:《巴黎城市国际化的经验及启示》,《城市开发》1994 年第 6 期。
③ 北京市统计局研究所:《巴黎的第三产业》,《统计与预测》1997 年第 4 期。

高,城市过于拥挤,城市环境污染严重等一系列问题,同时加剧了巴黎地区同其他地区经济发展的不平衡。

为了改变这种局面,法国政府开始对巴黎地区的工业采取"工业分散"政策,严格限制巴黎中心区工业的继续集中,对厂房占地超过500平方米的企业的设立和扩充加以控制。到80年代初期,已将市区50年代的老企业关闭了1/4,外迁项目达3000多个。[①] 在市区发展都市工业和手工业,如时装、衣服、室内装饰等,在郊区发展现代化工业,如小汽车工业、食品工业、电力和电子工业等。1956年,为疏散巴黎中心区人口,巴黎首次提出新城概念和卫星城计划,巴黎在近郊建设八座新城,将以往巴黎同心圆城市发展模式改变为多中心发展模式,用经济手段鼓励巴黎地区工业企业向周边地区迁移,将巴黎人口向近郊和部分远郊扩散,在巴黎城周围形成了方圆约2500平方千米、人口约880万人的城市化郊区。

与此同时,巴黎开始强化其作为法国政治、文化、贸易、金融、科技中心的地位。巴黎服务业基础比较好,在成为工业中心之前就是贸易和金融中心,聚集了很多银行、保险公司以及大公司总部,金融、文化、贸易以及公共管理部门的就业占有很高的比例。在工业疏解之后,巴黎的服务业得到了进一步发展,50年代第三产业就业人数的比重达58.1%。不过,随着1962—1975年居民向郊区的快速迁移,经济活动转移到郊区,一度繁荣的城市逐渐成为移民聚居区和失业集聚地。为了振兴巴黎的都市经济,法国政府于2008年3月成立了首都地区发展国务秘书办公室,创建综合大巴黎("大巴黎")大都会管理局,并在巴黎及其周边开展各种促进大都市经济发展的经济发展项目。例如,在南郊萨克雷高原建设世界级的科技集群和大学校园。为了提升巴黎大都市的全球经济形象,巴黎还放松对建筑高度的限制,批准在市区

---

① 李琳:《巴黎城市国际化的经验及启示》,《城市开发》1994年第6期。

内建造摩天大楼。自2006年以来，巴黎市中心以西的拉德芳斯商业区批准了数座摩天大楼（300米及以上）。其目标不仅是建设一个环境可持续发展的大都市，还要通过大规模的城市规划运作和标志性建筑项目，将近郊与巴黎中心城市融为一体。巴黎市中心最为著名的是文化产业。巴黎市中心有丰厚的文化遗产，被列为历史古迹的建筑有2000处以上，埃菲尔铁塔、凡尔赛宫、巴黎圣母院、凯旋门、圣心教堂、巴黎公社墙等，是世界上文化遗产最丰富、灿烂和集中的大都市之一。卢浮宫珍藏着的80多件绘画和雕塑以及2000多个博物馆珍藏着的来自世界各地的艺术品均是世界之瑰宝。2003年法国文化产业部门吸收就业人口249800人，企业19500家，其中45%集中在大巴黎（113400人），38%集中在小巴黎。巴黎文化产业部门就业人数占总就业人数2.9%，远高于1.6%全法平均水平。①

巴黎市区的经济活动多样化。服务业是主导产业，但工业也很发达。巴黎的重要工业如电子、汽车、飞机、造船、服装业在欧洲乃至世界占有举足轻重的地位。1999年，巴黎市区从业人员有5089170人，其中商务服务业占16.5%，商业零售和批发业占13.0%，制造业占12.3%，公共管理部门和国防部门占10.0%，卫生服务业占8.7%，交通和通信占8.2%，教育占6.6%，旅游业和旅游相关服务业占6.2%。在制造业，就业人数最多的是电子及电气工业（占制造业的17.9%）和出版及印刷工业（占制造业的14.0%）。② 在2012年人口普查中，巴黎地区批发和零售业占12.0%，专业、科学和技术服务占9.7%，公共管理和国防占9.6%，教育占6.9%，信息和通信占6.5%，运输和仓储占6.5%，金融和保险5.9%，行政和支助服务5.8%，住宿和食

---

① 黄辉：《巴黎文化产业的现状、特征与发展空间》，《城市观察》2009年第3期。
② "Les emplois dans les activités liées au tourisme: Un sur quatre en Ile-de-France" (in French) (PDF), Institut National de la Statistique et des études économiques, Retrieved 2006 – 04 – 10.

品服务 4.6%，其他市场服务 8.5%。制造业占 6.6%，公用事业占 1.5%，建筑业占 5.2%，农业占 0.2%。[①]

目前，巴黎地区已经形成以市区为核心，由分布在巴黎市区边缘的 8 个副中心和 60 个地区中心组成的多极分层布局。经济中心在城市西部，位于卡尼尔歌剧院、拉德芳斯和塞纳河谷之间的三角地带，贯穿市中心的上塞纳区和郊区的拉德芳斯商业区。五座新城（塞尔吉、马恩拉瓦莱、圣冈代、埃夫里、默龙色纳）均匀分布在巴黎郊区，市政设施和生活服务的配套设施完善使新城富有吸引力。五座新城和市区及其他地区已形成发达的交通网络，联系密切。这些新城成为巴黎经济向高附加值服务业（金融、IT 服务等）和高科技制造业（电子、光学、航天等）转型的主要地区。埃夫里新城目前已经成为巴黎南部地区经济技术发展中心，聚集了标致汽车公司、汤姆逊电气公司等一批著名企业，塞尔吉新城拥有欧洲最大的经济园区——赛吉—蓬图瓦兹工业园区，园区内入驻 AXA、3M、ABB、Epson、Nike、Manpower、Yamaha、Sony 等世界 500 强企业，还有雷诺汽车、ADECCO 法国人力资源公司、Clarins、Lancel 等法国知名企业。

三　美国华盛顿哥伦比亚特区服务业发展情况

（一）北京有可能成立首都特区

目前，中央还没有正式宣布成立首都特区，不过，从政府出台的一系列政策来看，除了《北京新总规》所明确的"一核一主一副、两轴多点一区"城市空间结构之外，确实还有一个不按行政区划分的区域。这个区域的具体范围不是很明确，其政策有别于以行政区为对象的政策。如《京津冀协同发展纲要》中要求金融机构电子银行、数

---

① 法国统计局（INSEE）2012 年普查数据，https://www.insee.fr/en/accueil。

中心、呼叫中心等劳动密集型后台服务功能迁出三环。《建设项目规划使用性质正面和负面清单》中对首都功能核心区以外中心城区的政策进行了区分。如鼓励三环路以外商业零售、商务办公、酒店宾馆等建筑调整为体育健身、剧场影院、图书馆、博物馆等公共文化建筑以及出租型公寓；限制五环路以内的各类用地调整为综合性医疗机构；限制五环路以内的各类用地调整为中等职业教育、高等教育及面向全国招生的培训机构和文化团体；限制四环路以内的各类用地调整为住宅商品房；限制三环路以内的各类用地调整为仓储物流设施。如此等等。

随着最近各区分区规划的出台，关于首都特区的信息正在逐步清晰。据媒体报道，2018年11月16—22日，北京市委书记蔡奇和市长陈吉宁连续考察了核心区、中心城区、平原新城、生态涵养区及城市副中心，并进行了座谈会。座谈会上蔡奇对此次北京各区城市发展规划的出台进行提前吹风，同时确定了各区的发展定位及未来三年的核心工作任务。值得注意的是，这次讲话中提到了中心地区。其实《北京新总规》中明确设置了一个被称为中心地区的区域，把核心区与其他地区隔离开来。中心地区面积241.5平方千米，加上核心区在内的面积是334平方千米，基本包括了北京四环内的大部分地区，北边抵近五环。

目前对于中心地区的功能定位还没有明确的说法，但是从《朝阳分区规划（2017年—2035年）（草案）》来看，在首都功能核心区之外设立了一个首都功能保障带。首都功能保障带部分位于中心地区之外，部分坐落在中心地区，几乎涵盖和包围了朝阳区所属的所有的中心地区。这意味着中心地区的功能必须是首都功能和首都功能保障。由此可见，首都功能特区虽然目前还没有公布，但应该已经在政府的规划之中，很有可能就是规划中的中心地区。

（二）美国华盛顿哥伦比亚特区对北京首都特区有借鉴意义

目前，关于中心地区的功能尚不明确，不过从核心区功能和中心城区功能可以对其功能做出合理推断。首都功能核心区包括东城区和西城区，其功能定位是全国政治中心、文化中心和国际交往中心的核心承载区，是历史文化名城保护的重点地区，肩负展示国家首都形象的重要职责。其首要工作就是在保护古都风貌、传承历史文脉的基础上，全力做好"四个服务"，维护安全稳定，保障中央党政军领导机关高效开展工作。中心城区的功能定位是中央政务配套区和服务区。由此可见，整个中心城区都是服务于中央政务的。因此，中心地区的功能很可能与核心城区类似。由于核心城区面积受限，不能满足中央政务功能的需要，因此首都特区要在核心区的基础上进行空间拓展。中心地区与核心区的区别就在于不是历史文化名城的重点保护地区。

首都特区的主要工作就是疏解和整治。腾出空间为中央和国家机关优化布局提供条件，创造安全整洁有序的政务环境。目前，首都特区正在疏解一些产业，如区域性商品批发市场、医疗机构，对王府井、西单、前门等传统商业区也要求提升业态，不再新增商业功能。在明确限制一些产业的同时，在这样一个高度政治化的地区适合发展什么样的高端服务业，是一个值得探讨的问题。

与首都特区具有较强可比性的是美国华盛顿哥伦比亚特区。华盛顿哥伦比亚特区是一座按照计划建成的城市。1790年，按照美国首任总统华盛顿的建议，美国在南方和北方交界的波多马克河上规划出一个专门作为首都的区域，面积177平方千米。2017年，人口为695691人。特区设立早期，波多马克河北岸有乔治城镇、华盛顿市及华盛顿郡三个分开的行政区划。1878年，乔治城、华盛顿市及华盛顿郡3地合并为华盛顿市，而联邦管辖的特区与华盛顿市地方政府的辖区重叠，由此产生今日使用的"华盛顿哥伦比亚特区"合称。华盛顿哥伦比亚特区在行政上由联邦政府直辖,不属于任何一个州。华盛顿哥伦比亚特区是世界各国少有的仅以政府行政职能为主的现代化大城市,这与首都特区很类似。作为全美政治中心,华盛顿哥伦比亚特区的很多经济元素都与政务需求相关。通过对华盛顿哥伦比亚特区产业发展的考察,我们可以发现依托于政治的经济发展逻辑,从而找到首都特区高端服务业的发展思路。

(三) 美国华盛顿哥伦比亚特区产业发展情况

华盛顿哥伦比亚特区是美国经济最发达的地区,2017年生产总值达到1358亿美元。人均生产总值多年位居美国各州之首。2017年人均生产总值达到176127美元,远高于排名第二的马萨诸塞州的71456美元。人均收入也是全美最高的,2017年达到79792美元。在华盛顿哥伦比亚特区的经济来源中,居首位的是政府拨款及其机构的开支。2017年政府机构对生产总值的贡献率达33%,而美国的平均水平是12.5%。[1] 华盛顿居民中就业人员仅36.4797万人[2],但华盛顿就业人数达到79.74万人。[3] 很多在华盛顿工作的人并不居住在华盛顿。华盛顿就业人员中,29.8%为政府工作人员,其中联邦政府工作人员比重高达82.9%,差不多每4名就业人员中就有1名联邦政府工作人员。[4] 华盛顿哥伦比亚特区是大多数美国联邦政府机关与各国驻美国大使馆的所在地,驻有近200个外国大使馆和国际组织,如世界银行、

---

[1] 这部分的数据都是根据美国经济分析局 (BEA) 网站提供的数据计算而成,网站地址为 https://www.bea.gov/。

[2] 2016年数据,数据来源为 https://datausa.io/profile/geo/washington-dc/。

[3] 2017年12月数据,"District of Columbia Wage and Salary Employment by Industry and Place of Work 2017", District of Columbia Department of Employment Services, Office of Labor Market Research and Information, https://does.dc.gov/sites/default/files/dc/sites/does/publication/attachments/CESdc1Dec17.pdf, 2017。

[4] 根据 "District of Columbia Wage and Salary Employment by Industry and Place of Work 2017" (District of Columbia Department of Employment Services, Office of Labor Market Research and Information, https://does.dc.gov/sites/default/files/dc/sites/does/publication/attachments/CESdc1Dec17.pdf, 2017) 的数据计算。

国际货币基金组织（IMF）、美洲国家组织、美洲开发银行和泛美卫生组织等。2008 年，华盛顿的外交使团雇用了大约 1 万人，为当地经济贡献估计 4 亿美元。①

除了政府部门以及其他政治组织，华盛顿还有大量私人企业。这些企业的业务很多与政治相关。联邦政府有大量的外包业务需要企业参与，这带动了游说公司、法律服务、金融服务、信息服务、科技服务、国防科工等多个产业的发展。许多组织如律师事务所、国防承包商、民间承包商、非营利组织、游说公司、工会、工业贸易集团和专业协会的总部位于华盛顿特区或附近，以接近联邦政府。根据 2011 年汇编的统计数据，该国最大的 500 家公司中有 4 家总部设在该地区。②除了与政治密切相关的产业，还有一些与政府没有直接关系的产业，特别是在教育、金融、公共政策和科学研究领域。乔治城大学、乔治·华盛顿大学、华盛顿医院中心、儿童国家医疗中心和霍华德大学是该市 2009 年最大的五家非政府雇主。③ 同时，华盛顿的金融业也很发达。在金融智库 Z/YEN 在 2017 年 3 月发布的"全球金融中心指数排行榜"中，华盛顿特区被列为世界上第 12 个最具竞争力的金融中心，仅次于纽约、旧金山、芝加哥和波士顿，成为美国排名第五的最具竞争力金融中心。④ 同时，华盛顿拥有为数众多的博物馆与文化史迹，旅游业也很发达。2012 年，大约有 1890 万游客为当地经济贡献

---

① Van Dyne, Larry, "Foreign Affairs: DC's Best Embassies", *Washingtonian Magazine*, https://www.washingtonian.com/2008/02/01/foreign-affairs-dcs-best-embassies/, February 1, 2008, Retrieved June 17, 2012.

② "Fortune 500 2011: States: District of Columbia Companies", *Fortune Magazine*, CNNMoney.com, May 23, 2011, Retrieved November 12, 2011.

③ "Top 200 Chief Executive Officers of the Major Employers in the District of Columbia 2009" (PDF), D. C. Department of Employment Services, https://does.dc.gov/sites/default/files/dc/sites/does/publication/attachments/DOES_Top200.pdf, 2010, Retrieved September 6, 2012.

④ CDI, Z/Yen, *The Global Financial Centres 21*, http://www.montrealinternational.com/wp-content/uploads/2017/03/gfci_21.pdf, 2017.

了48亿美元。①

华盛顿产业结构如表4-16所示。从表中可以看出，华盛顿98%的产业都是服务业，商品生产几乎可以忽略不计。无论是从增加值看还是从就业看，华盛顿政府部门和私人部门所占比重大致都在3∶7。其中，政府部门的劳动生产率明显高于私人部门。私人服务业中，高端服务业（信息业、金融、保险、专业和商务服务业②、教育、卫生和社会援助、艺术休闲娱乐）所占比重较高，增加值比重达到64.8%，就业比重达到63.06%。其中，商业性较强的业务，如信息业，金融、保险等，劳动生产率较高，而与政府相关以及社会性较强的业务，如行政支持、废物管理、污染治理，教育、卫生和社会援助等，则劳动生产率较低。

表4-16　2017年华盛顿哥伦比亚特区产业结构及产业劳动生产率

产业	增加值（百万美元）	比重（%）	就业人数（万人）	比重（%）	劳动生产率（万美元/人）
全部产业	135768.3	100.00	79.74	100.00	17.03
私人部门	90948.2	66.99	56.02	70.25	16.23
商品生产	1793.5	1.32	1.57	1.97	11.43
批发	1203.2	0.89	0.51	0.64	23.59
零售	1592.1	1.17	2.29	2.87	6.95
仓储、运输和公用事业	1864.2	1.37	0.52	0.65	35.85
信息业	7399.4	5.45	1.68	2.11	44.04
金融、保险	5491.1	4.04	1.70	2.13	32.30
房地产和租赁	12248.9	9.02	1.28	1.61	95.69

---

① Matt Connolly, "D. C. Sets Tourism Record with 19m Visitors in 2012", *The Washington Examiner*, https://www.washingtonexaminer.com/dc-sets-tourism-record-with-19m-visitors-in-2012, May 7, 2013.

② 专业和商务服务业包括表4-16中的专业、科学技术及法律服务，公司管理，行政支持、废物管理、污染治理。

续表

产业	增加值（百万美元）	比重（%）	就业人数（万人）	比重（%）	劳动生产率（万美元/人）
专业、科学技术及法律服务	28800.0	21.21	11.7	14.67	24.62
公司管理	784.8	0.57	0.28	0.35	28.03
行政支持、废物管理、污染治理	4320.2	3.18	5.03	6.31	8.6
教育、卫生和社会援助	10941.7	8.06	14.02	17.58	7.80
艺术休闲娱乐	1234.3	0.91	0.92	1.15	13.42
食宿服务	4506.0	3.32	7.16	8.98	6.29
非政府其他服务	9553.8	7.04	7.35	9.22	13.00
政府和政府企业	44820.1	33.01	23.72	29.75	18.90

资料来源：根据美国经济分析局（https://www.bea.gov）相关数据和 District of Columbia Wage and Salary Employment by Industry and Place of Work 2017"（https://does.dc.gov/sites/default/files/dc/sites/does/publication/attachments/CESdc1Dec17.pdf）的数据计算而成。

（四）华盛顿经济的首都产业发展规律

华盛顿既是美国首都，同时也是一座城市。作为首都的华盛顿与其他城市的不同之处在于它是依靠国家财政运转的，因此不需要形成自己完备的经济体系。但是，这座按照计划建设起来的政治中心，最终却发展成为美国的发达城市，一些看似与经济无关的要素，最终却为经济发展提供了强大动力，并形成独具特色的首都经济。从华盛顿的经济发展中，我们可以发现政经融合的首都产业发展规律。

第一是联邦机构产业。联邦机构产业是指联邦政府的各项活动和事务。这部分活动和事务都是由联邦政府机构直接运作，不涉及私人部门，全部开支由联邦政府财政负担，从行业划分来看属于国家机构。这部分产业虽然由于其政治性不能市场化，却是首都服务业市场化发展的核心和基础。所有的市场化行业都属于衍生产业，这些衍生产业要么与联邦政府机构直接相关，要么间接服务于联邦政府机构，要么依赖于联邦政府机构所凝聚的资源。

第二是国际机构产业。国际机构产业包括世界各国在华盛顿设立的大使馆等办事机构和国际组织在华盛顿设立的办事机构，从行业分类来看，这些组织属于国际组织。这些机构开支虽然不用联邦政府负担，但其业务主要是与联邦政府发生联系，不能离开华盛顿。这些机构需要雇用当地人员开展工作，形成一些产业。不过在华盛顿与此相关的从业人员并不多，这部分产业所占比重不大。

第三是城市服务业。这部分是维持城市正常运行所需的产业，从组织属性来看，既包括华盛顿地方政府及其企业，也包括私人部门。商品生产、批发、零售、仓储、运输和公用事业、行政支持、废物管理、污染治理、教育、卫生和社会援助、艺术休闲娱乐、食宿服务都属于这类产业。当然，这部分产业除了满足首都城市运行需要之外，还可能有对外输出功能。华盛顿这部分产业2017年增加值比重达到33.08%，就业比重达到41.76%。

第四是依赖首都政治资源发展起来的，但并不主要服务于首都政治功能的产业，包括信息业、金融、保险、专业、科学技术及法律服务、公司管理等。华盛顿这部分产业2017年就业比重仅为19.21%，但是增加值比重高达30.7%，劳动生产率水平达到人均27.65万美元，远远高于前面三类产业。这类产业虽然不是直接服务于首都政治，也不是首都城市运行所必需的，却是城市产业中最具竞争力的部分。这些产业的发展能够大幅增加华盛顿的城市收入，为完善城市公共设施提供了良好的物质条件，同时，这些产业所带来的高素质人群也为华盛顿打造良好的社会和人文环境贡献力量。从美国和世界情况来看，这些产业都是城市核心竞争力所在。华盛顿的这些产业与其他非首都城市的不同之处在于这些产业密切依托于首都资源，因而具有首都特色。

第三节　北京高端服务业发展选择

从纽约、伦敦、东京等世界大都市的发展来看，这些城市都以高端服务业为主。每个城市的服务业既有共性，如都是金融中心，都有明显的总部经济特征，但也各具特色，如纽约是文化娱乐、信息服务和高端物流，伦敦是创意设计、高端物流和节庆会展，东京是工业设计、商务服务和旅游会展。[①] 北京的总体目标是发展高端服务业，但也需要根据自身条件和目标定位重点发展自己的特色服务业。

在八大高端服务业中，北京各行业情况不太相同。有些服务业优势明显，有些优势不太突出，这些高端服务业在发展前景上也存在差异。同时，首都功能定位对于服务业发展也有一些要求。我们综合分析这些因素，对适合北京发展的高端服务业作一个判断和选择。

一　北京高端服务业竞争力分析

我们采用常用的 SSM 模型来分析北京高端服务业的竞争力。基于京津冀协同发展的要求，我们从两个背景来考察北京高端服务业的竞争力：一是北京与全国相对比；二是北京与京津冀地区相对比。实施京津冀协同发展战略之后，由于政策影响，北京近几年高端服务业发展发生了很大变化，因此我们只考察近期情况，根据 2013 年和 2016 年的统计数据进行计算。

SSM 的全称是偏离—份额分析法，是 Shift-Share Method 的缩写，由美国经济学家丹尼尔·B. 克雷默于 1942 年提出，后由邓恩和埃德

[①] 王江、魏晓欣：《建设世界城市背景下北京高端服务业发展探讨》，《商业经济研究》2014 年第 10 期。

家·胡佛做进一步发展,被广泛应用于分析产业空间分布、地区结构的变化以及经济增长的地区差异等。其基本思想是把地区经济的变化看作一个动态过程,以其所在大区或国家作为参照系,将地区自身经济总量在某一段时期的变动分解为三个分量,即份额分量、结构偏离分量和竞争力偏离分量,从三个角度说明地区经济发展和衰退的原因,评价地区经济结构和自身竞争力,找出地区具有相对竞争优势的产业部门,确定地区未来经济发展的合理方向。SSM 有几个重要指标,简单说明如下:一是增长总量 G_j,是指地区 j 部门经济增长的总量。二是份额分量 N_j。份额分量是指按大区或全国总量中 j 部门所占比例分配的地区 j 部门规模发生的变化,也就是地区标准化产业部门如果按全国或所在大区的平均增长水平发展所产生的变化量。三是结构偏离分量 P_j。结构偏离分量是指地区部门比重与全国(或所在大区)相应部门比重的差异所引起的区域 i 第 j 部门增长相对于全国或者所在大区标准所产生的偏差。其含义是假设地区增长速度与全国或所在大区增长速度相同,从而单独分析部门结构对于增长的贡献。四是竞争力偏离分量 D_j。竞争力偏离分量指地区 j 部门增长速度与全国或所在大区 j 部门增长速度差异引起的增长偏差,反映的是地区 i 的 j 部门相对竞争能力。五是总偏离量 $(PD)_j$。总偏离量是结构偏离分量 P_j 和竞争力偏离分量 D_j 之和,反映的是地区 j 产业相对于大区或者国家的竞争优势。

表 4-17 是北京与全国对比的情况。从表中可以看出,北京高端服务业总体偏离量 $(PD)_j$ 为 2126.55,是有竞争优势的。相对而言,结构偏离量 P_j 为 2804.79,是正值,而竞争力偏离量为 -678.25,是负值,这说明北京高端服务业的竞争优势主要来自高端服务业所占比重优势,而不是来自地区竞争力优势。分行业看,北京高端服务业各行业表现与整体表现如出一辙,各行业都具有竞争优势,但是这种优势主要是来自结构优势,而不是地区竞争力优势。其中,既具有结构

优势也有竞争力优势的只有科学研究和技术服务业,水利、环境和公共设施管理业这两个行业。八大高端服务业中,贡献最大的是金融业,信息传输、软件和信息技术服务业以及科学研究和技术服务业三个行业。

表4-17　2013—2016年北京市偏离—份额分析（与全国对比）

行业 \ 指标	G_j	N_j	P_j	D_j	$(PD)_j$
信息传输、软件和信息技术服务业	904.30	279.02	852.40	-227.12	625.28
金融业	1327.60	680.72	743.38	-96.50	646.88
租赁和商务服务业	268.50	209.99	513.79	-455.28	58.51
科学研究和技术服务业	728.80	122.29	457.60	148.91	606.51
水利、环境和公共设施管理业	83.40	40.90	6.51	35.99	42.50
教育	341.60	267.05	76.05	-1.50	74.55
卫生和社会工作	219.70	206.89	21.97	-9.17	12.81
文化、体育和娱乐业	114.70	55.19	133.08	-73.57	59.51
合计	3988.60	1862.05	2804.79	-678.25	2126.55

资料来源：根据《中国统计年鉴2014》《中国统计年鉴2017》《北京统计年鉴2014》《北京统计年鉴2017》相关数据计算。详见国家统计局网站（http://www.stats.gov.cn/）和北京市统计局网站（http://tjj.beijing.gov.cn/）。

表4-18是北京市与京津冀地区对比的情况。从表中可以看出,北京高端服务业总体偏离量$(PD)_j$为正值,达到1568.32,是有竞争优势的。相对而言,结构偏离量P_j也为正值,达到2101.92,而竞争力偏离量D_j为负值,达到-533.60,说明北京高端服务业的竞争优势主要来自高比重结构,而不是地区竞争力。分行业来看,八大高端服务业除了水利、环境和公共设施管理业,卫生和社会工作之外,其他六大服务业都具有竞争优势。同时,八大高端服务业都具有结构优势,但是同时具有竞争力优势的只有教育。从对增长的贡献来看,金融业,信息传输、软件和信息技术服务业以及科学研究和技术服务业这三个

行业最大,远远高于其他高端服务业。

表 4-18　　2013—2016 年北京市偏离—份额分析(与京津冀地区对比)

指标 行业	G_j	N_j	P_j	D_j	$(PD)_j$
信息传输、软件和信息技术服务业	904.30	429.69	581.68	-107.07	474.61
金融业	1327.60	814.75	557.41	-44.55	512.85
租赁和商务服务业	268.50	259.04	275.22	-265.76	9.46
科学研究和技术服务业	728.80	394.63	419.73	-85.56	334.17
水利、环境和公共设施管理业	83.40	92.65	28.71	-37.96	-9.25
教育	341.60	128.82	70.00	142.79	212.78
卫生和社会工作	219.70	220.95	69.25	-70.50	-1.25
文化、体育和娱乐业	114.70	79.75	99.92	-64.97	34.95
合计	3988.60	2420.28	2101.92	-533.60	1568.32

资料来源:根据《河北统计年鉴 2014》《河北统计年鉴 2017》《天津统计年鉴 2014》《天津统计年鉴 2017》《北京统计年鉴 2014》《北京统计年鉴 2017》相关数据计算。详见河北省统计局网站(http://tjj.hebei.gov.cn/)、天津市统计局网站(http://stats.tj.gov.cn/)和北京市统计局网站(http://tjj.beijing.gov.cn/)。

综合北京高端服务业与全国和京津冀地区的 SSM 分析,可以发现北京高端服务业虽然有竞争优势,但是这种优势主要体现在过去的结构优势而不是未来的竞争力优势。在京津冀协同发展和首都人口疏解的背景下,北京高端服务业的未来发展前景堪忧。需要在高端服务业中进一步精选出有竞争力的行业部门,才有可能保证首都高端服务业可持续发展。

二　北京高端服务业服务对象分析

北京八大高端服务业的一部分是用于满足当地需要,另一部分具有对外输出功能。这里我们利用投入产出表,对北京高端服务业的服务对象进行分析（见表4-19）。计算公式如下：

对内服务比率＝（总产出－出口－国内京外流出）/总产出；

对外服务比率＝（出口＋国内京外流出）/总产出；

净对外服务比率＝（出口＋国内京外流出－进口－国内京外流入）/总产出。

表4-19　　　　　北京高端服务业对内对外服务情况　　　　　单位：%

指标 行业	对内服务比率	对外服务比率	净对外服务比率
信息传输、软件和信息技术服务业	69.6	30.4	26.9
金融业	68.8	31.2	27.6
租赁和商务服务业	79.1	20.9	6.4
科学研究和技术服务业	32.2	67.8	59.1
水利、环境和公共设施管理业	73.9	26.1	18.5
教育	86.5	13.5	-3.0
卫生和社会工作	98.6	1.4	1.3
文化、体育和娱乐业	62.2	37.8	22.2

资料来源：根据北京市《2012年42个部门投入产出表》（http://www.bjstats.gov.cn/tjsj/zxdcsj/trccdc/dcsj_4603/）计算。

从表4-19可以看出，除了教育，其余七大高端服务业都是净输出。不过，北京高端服务业还是以服务本地为主，其中，教育、卫生和社会工作的绝大部分是为本地服务的，只有科学研究和技术服务业是唯一对外服务超过对内服务的行业。信息传输、软件和信息技术服务业，金融业，文化、体育和娱乐业以及水利、环境和公共设施管理业虽然也有较强的对外服务功能，但还是以服务本地为主。一个行业对外服务能力越强，表明就行业本身而言其竞争力也越强，更具有向外辐射和发展的空间，因此科学研究和技术服务业是北京最具对外扩张优势的行业。

三 北京高端服务业在全国范围内吸收投资和对外投资情况

对行业发展的考察，除了考察行业提供的产品和服务，投资也是一个重要的方面。本地投资代表该行业在当地的发展情况，而对外投资则代表该行业的对外扩张情况。对外投资扩张是行业发展的一种方式，反映的是当地行业在跨区域产业链中的地位，以及对行业的控制力和影响力。

2013—2017年北京高端服务业及分行业的本地投资和对外投资情况如图4-7和图4-8所示。从图4-7中可以发现，北京高端服务业的本地投资和对外投资表现出一定的趋势：2013—2015年，本地投资一直高于对外投资，且二者不断上升。这种情况在2016年发生了变化。2016年本地投资和对外投资都达到顶点，并且对外投资首次超过本地投资。2017年本地投资和对外投资都下滑，但是本地投资下降幅度远远大于对外投资，二者差距明显拉大。本地投资大幅萎缩，预示着北京高端服务业发展可能从本地发展向对外扩张的转变，这可能是北京疏解政策发挥作用的效果。分行业来看（见图4-8），各行业的本地投资与对外投资表现同步：本地投资高的行业对外投资也高。同时，投资的行业集中度也很高。按照投资规模，我们可以把行业分为四档：第一档是租赁和商务服务业，该行业的投资额度一枝独秀，本地投资和对外投资都在4万亿元以上，大于其他行业投资之和；第二档是金融业，科学研究和科技服务业，这两个行业投资都在5000亿元以上，虽然远远低于租赁和商务服务业，但是明显大于其他行业；第三档是信息传输、软件和信息服务业以及文化、体育和娱乐业，这两个行业的投资额度都在千亿元级别，但占全部投资比例较小；第四档是剩下的其他三个行业，各行业投资仅在百亿元和十亿元的级别，占全部投资比重极小，几乎可以忽略不计。

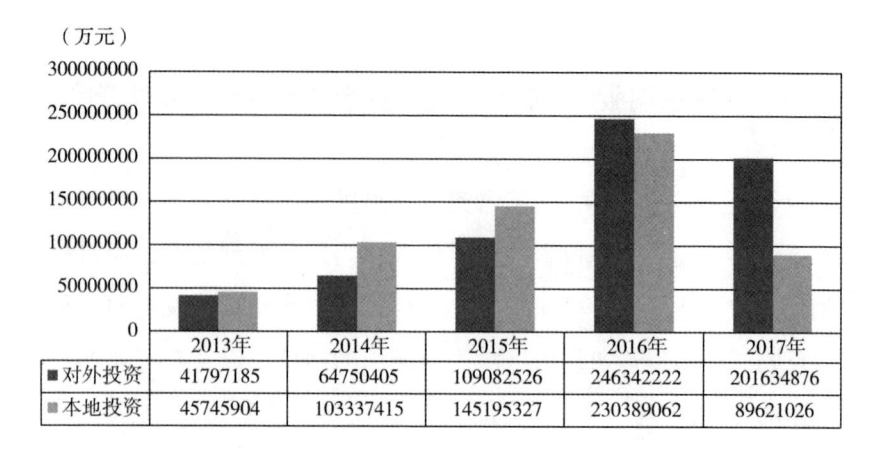

（万元）	2013年	2014年	2015年	2016年	2017年
对外投资	41797185	64750405	109082526	246342222	201634876
本地投资	45745904	103337415	145195327	230389062	89621026

图 4-7　2013—2017 年北京高端服务业对外投资和本地投资情况

资料来源：龙信数据。

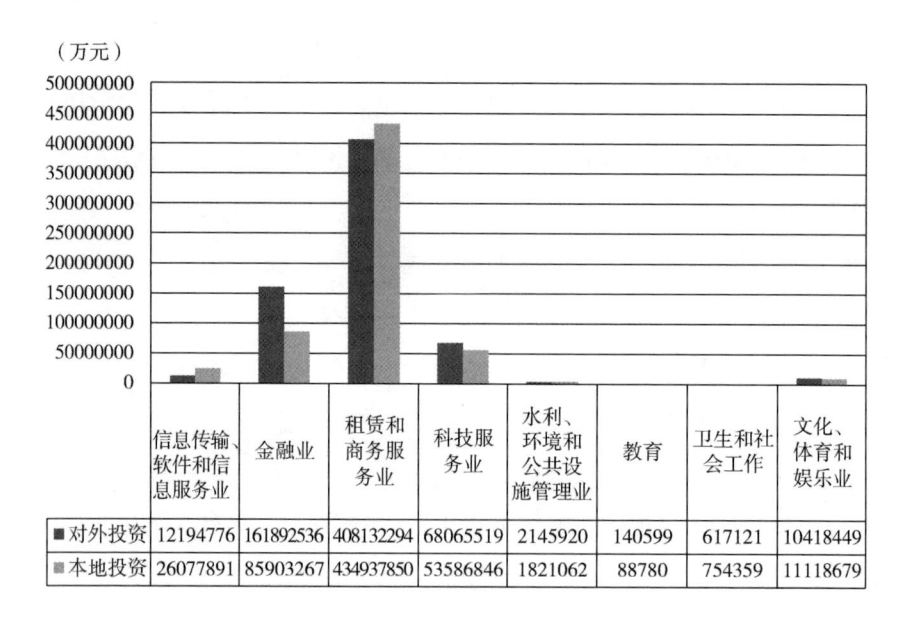

（万元）	信息传输、软件和信息服务业	金融业	租赁和商务服务业	科技服务业	水利、环境和公共设施管理业	教育	卫生和社会工作	文化、体育和娱乐业
对外投资	12194776	161892536	408132294	68065519	2145920	140599	617121	10418449
本地投资	26077891	85903267	434937850	53586846	1821062	88780	754359	11118679

图 4-8　2013—2017 年北京市高端服务业分行业对外投资和本地投资情况

资料来源：龙信数据。

为了进一步研究行业具体情况，我们对各行业分年度投资情况进行分析，具体情况如图 4-9 至图 4-16 所示。从行业具体情况来看，各有特点。

租赁和商务服务业的情况如图4-9所示。作为规模最大的行业，租赁和商务服务业表现出与高端服务业总体类似的特征：本地投资和对外投资逐年提高，并在2016年达到顶点后出现大幅下滑。总的来看，租赁和商务服务业的本地投资一直高于对外投资，但在2016年达到顶点之后发生了变化，2017年本地投资大幅下滑，下滑幅度远远高于对外投资，并首次出现低于对外投资的情况。

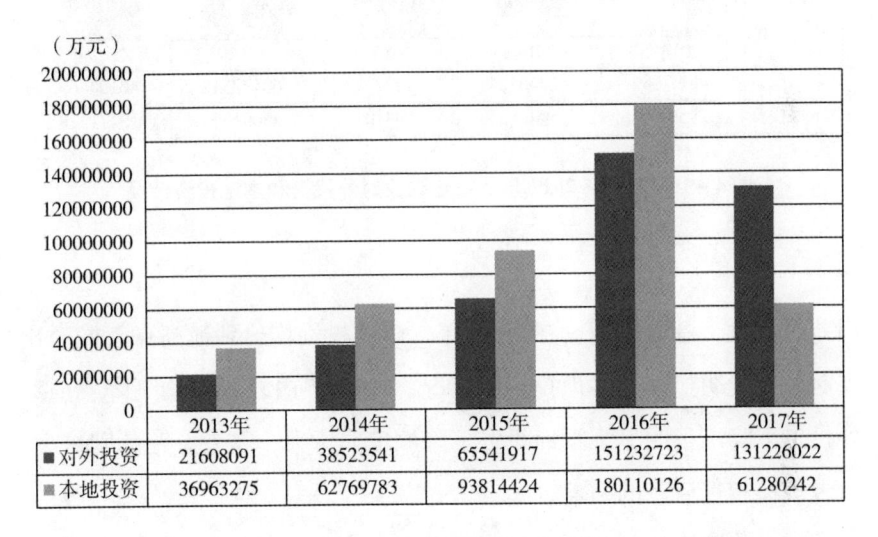

（万元）	2013年	2014年	2015年	2016年	2017年
对外投资	21608091	38523541	65541917	151232723	131226022
本地投资	36963275	62769783	93814424	180110126	61280242

图4-9　2013—2017年北京租赁和商务服务业对外投资和本地投资情况

资料来源：龙信数据。

金融业情况如图4-10所示。五年中金融业对外投资大部分年份都是高于本地投资的。这种情况在2016年表现最为明显：对外投资大幅增长，而本地投资增加并不显著，对外投资超过本地投资两倍。2017年本地投资和对外投资均出现大幅下滑，但本地投资萎缩得更加厉害，对外投资与本地投资力度差异更加明显，对外投资几乎达到本地投资的三倍。

科学研究和科技服务业情况如图4-11所示。该行业内外投资呈现前升后降的特点：前三年二者同步上升，本地投资略高于对外投资，

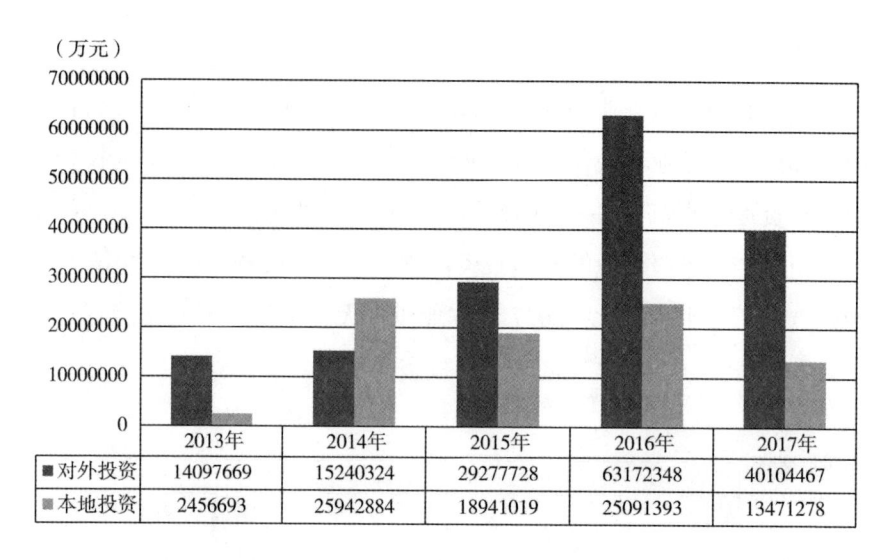

	2013年	2014年	2015年	2016年	2017年
对外投资	14097669	15240324	29277728	63172348	40104467
本地投资	2456693	25942884	18941019	25091393	13471278

图 4–10　2013—2017 年北京金融业对外投资和本地投资情况

资料来源：龙信数据。

但差额不大，基本平衡。在 2016 年，内外投资均达到最高点，同时出现对外投资明显领先本地投资的情况。2017 年内外投资均下降，但对外投资下降不很明显，本地投资下降幅度非常大，二者差距急剧扩大，前者规模超过后者的两倍。

信息传输、软件和信息技术服务业情况如图 4–12 所示。该行业对外投资相对平稳，变化不大。在 2016 年达到高点后，2017 年有所回落。本地投资总体上也比较平稳，只是在 2015 年有一个急剧变化：当年本地投资大幅增加，大于其他四年之和。2015 年之前，本地投资成逐年增加趋势，且逐渐大于对外投资。2016 年，随着本地投资的大幅萎缩，本地投资也开始低于对外投资，且 2017 年这种趋势更加明显。除了 2015 年，本地投资与对外投资二者基本保持同步变化。

文化、体育和娱乐业的情况如图 4–13 所示。2013—2016 年该行业本地投资和对外投资一直保持增长，且本地投资一直高于对外投资。2017 年情况发生了明显变化，在对外投资继续保持增长的同时，本地

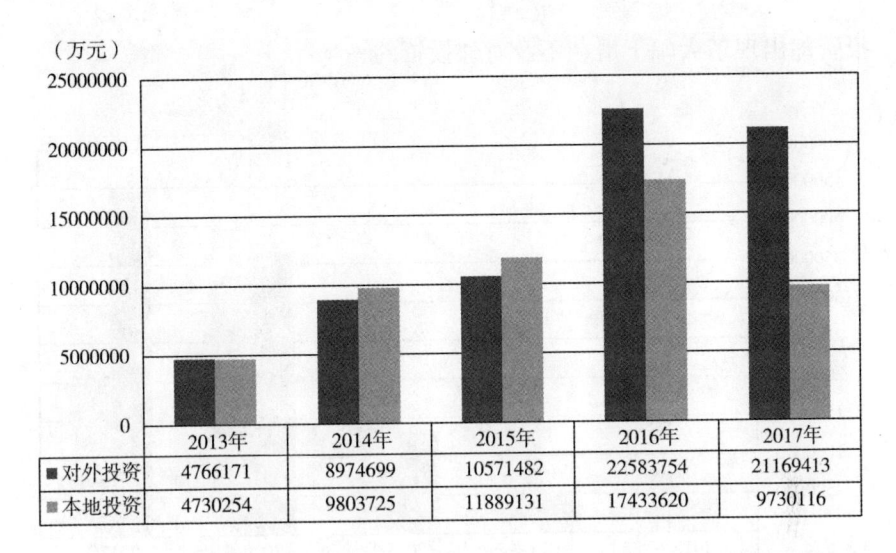

第四章　北京高端服务业发展的可行性分析 | 139

	2013年	2014年	2015年	2016年	2017年
■对外投资	4766171	8974699	10571482	22583754	21169413
本地投资	4730254	9803725	11889131	17433620	9730116

图 4–11　2013—2017 年北京科学研究和科技服务业对外投资和本地投资情况

资料来源：龙信数据。

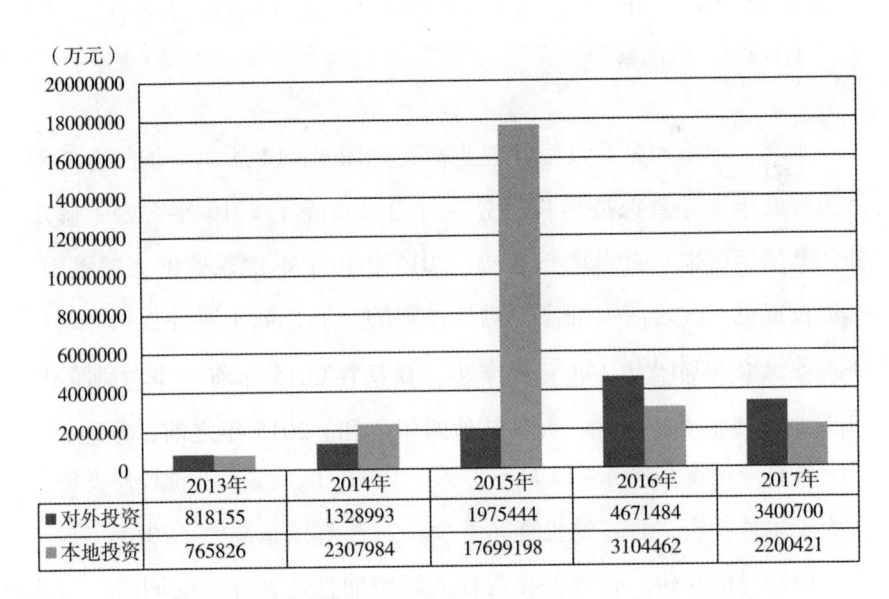

	2013年	2014年	2015年	2016年	2017年
■对外投资	818155	1328993	1975444	4671484	3400700
本地投资	765826	2307984	17699198	3104462	2200421

图 4–12　2013—2017 年北京信息传输、软件和信息技术服务业对外投资和本地投资情况

资料来源：龙信数据。

投资却出现了大幅下滑，不及对外投资的一半。

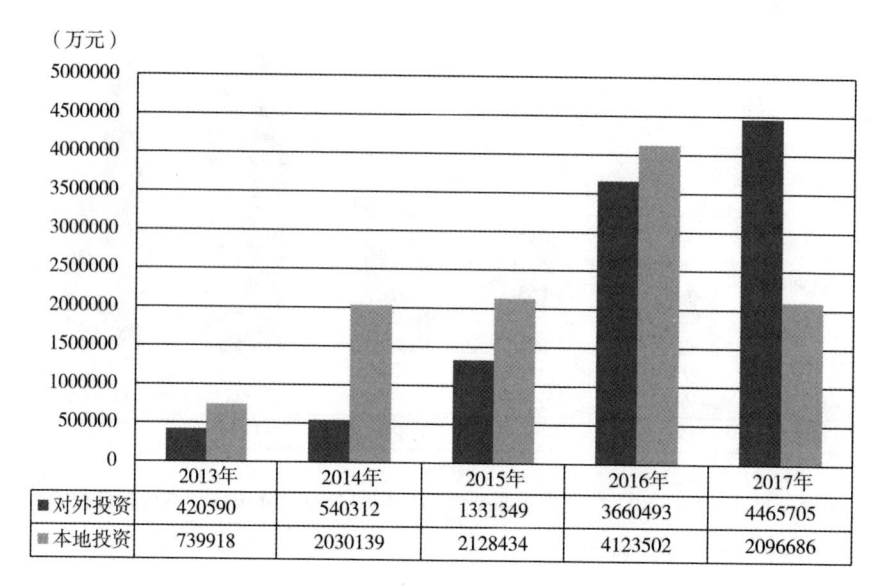

（万元）	2013年	2014年	2015年	2016年	2017年
对外投资	420590	540312	1331349	3660493	4465705
本地投资	739918	2030139	2128434	4123502	2096686

图 4-13　2013—2017 年北京文化、体育和娱乐业对外投资和本地投资情况

资料来源：龙信数据。

水利、环境和公共设施管理业情况如图 4-14 所示。该行业的对外投资五年来一直保持增长趋势，对内投资除了 2016 年大幅下降之外，其他年份也一直呈增长趋势。2016 年由于本地投资的大幅萎缩，本地投资也一改之前大幅高于对外投资的趋势，低于对外投资。2017 年本地投资大幅回升，恢复并超过之前的水平，但是仍然低于对外投资水平。

教育业情况如图 4-15 所示。除了 2016 年，该行业的对外投资一直大于本地投资，且本地投资非常少，二者差异非常大。2016 年是一个比较特异的年份。在内外投资都大幅增加且达到高点的同时，本地投资也超过了对外投资。2017 年内外投资都开始回落，不过对外投资下滑幅度不大，而本地投资萎缩幅度非常大，与对外投资的差异又回到之前的水平。

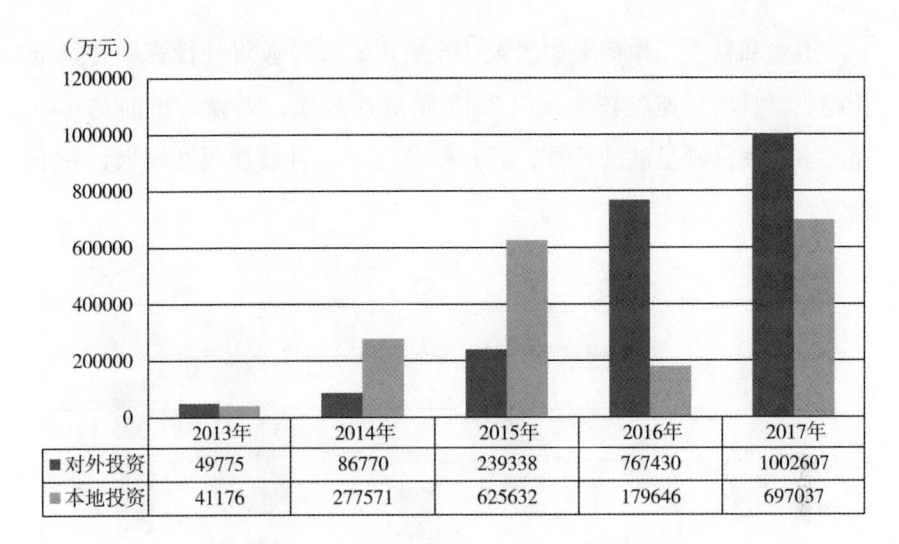

第四章 北京高端服务业发展的可行性分析 | 141

（万元）	2013年	2014年	2015年	2016年	2017年
对外投资	49775	86770	239338	767430	1002607
本地投资	41176	277571	625632	179646	697037

图 4-14 2013—2017 年北京水利、环境和公共设施管理业对外投资和本地投资情况

资料来源：龙信数据。

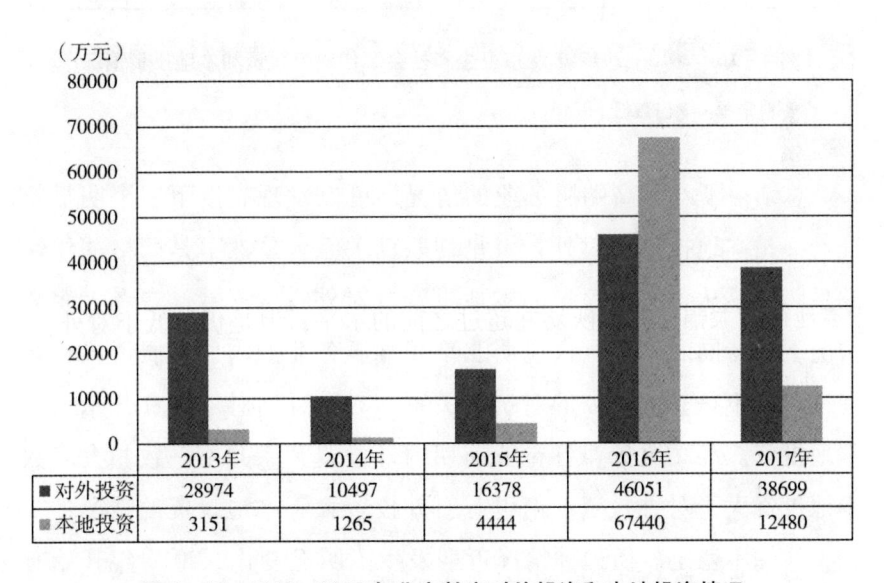

（万元）	2013年	2014年	2015年	2016年	2017年
对外投资	28974	10497	16378	46051	38699
本地投资	3151	1265	4444	67440	12480

图 4-15 2013—2017 年北京教育对外投资和本地投资情况

资料来源：龙信数据。

卫生和社会工作情况如图 4-16 所示。该行业对外投资一直呈增长趋势，且增长速度较快，但 2017 年增速放缓，大幅低于前几年增速。本地投资则呈波动特征，五年两高三低，且波动幅度较大，并不稳定。

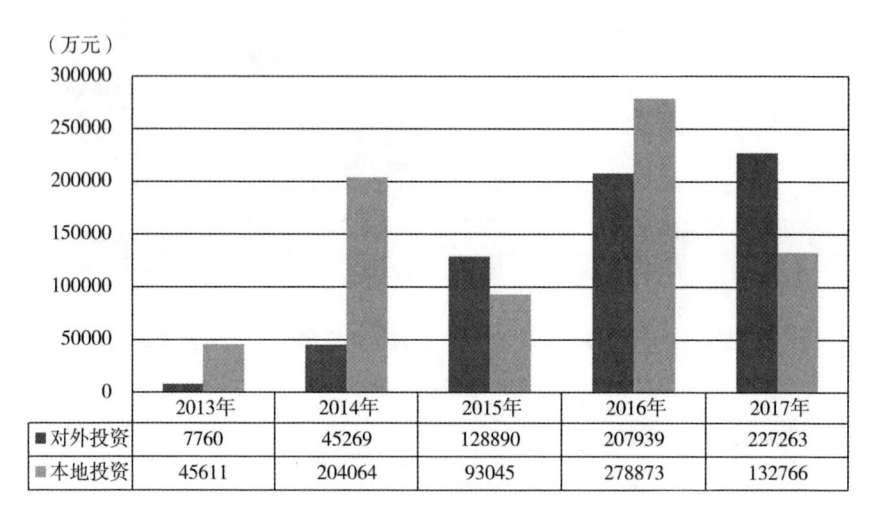

（万元）	2013年	2014年	2015年	2016年	2017年
对外投资	7760	45269	128890	207939	227263
本地投资	45611	204064	93045	278873	132766

图 4-16　2013—2017 年北京卫生和社会工作对外投资和本地投资情况

资料来源：龙信数据。

总结一下八大高端服务业的情况，可以发现有以下三个明显特征。一是本地投资与对外投资呈现联动关系。虽然不是严格的线性关系，但是从各行业每年的本地投资及对外投资来看，二者大多数情况下保持同向发展。这说明北京高端服务业的内外发展可以相互促进，而不是非此即彼的对抗性关系。二是近期对外投资开始大于本地投资。高端服务业各行业前期内外投资关系并不一致，大多数本地投资大于对外投资，但也有对外投资大于本地投资的情况，二者关系并不稳定。但这种情况近期发生了明显变化，2016 年开始有的行业对外投资开始大于本地投资，而 2017 年所有的高端服务业的对外投资都大于对内投资。三是 2017 年，除了水利、环境和公共设施管理业的本地投资增加之外，大部分高端服务业的本地投资都出现明显下降。而且除了信息传输、软件和信息技术服务业之外，其他六大高端服务业都出现了大幅下滑。相对而言，对外投资的下降趋势并不明显。文化、体育和娱乐业、水利、环境和公共设施管理业以及卫生和社会工作的对外投资继续保持增长趋势，其他行业下滑的力度也不大。

综合第二和第三两个特征，可以认为北京高端服务业的发展已经开始发生趋势性转变：从以本地发展为主转向对外投资扩张。这种情况在2017年表现得尤为明显。虽然北京高端服务业的投资大部分还是本地投资为主，但是北京对外投资已经大大超过对本地的投资（见表4-20）。2017年八大高端服务业中北京投资在本地的资金远远小于其对外投资，占比最高的信息传输、软件和信息技术服务业本地投资也仅34.2%，最低的教育才7.7%。在北京本地高端服务业投资中，绝大部分行业也都是靠北京本地投资在维持，外来投资所占比重较低。总投资排名前五的行业中，除了以总部经济为主的租赁和商务服务业因企业特点外部投资占比接近50%，其他四个行业外部投资占比都小于40%，信息传输、软件和信息技术服务业小于20%，而金融业更是仅占5%。虽然教育以及卫生和社会工作这两个行业以外部投资为主，而这两个行业的投资在全部投资中所占比重几乎可以忽略不计。可见，在北京大力疏解非首都功能的背景下，虽然北京明确鼓励发展高端服务业，但是北京高端服务业的发展还是受到了明显影响，企业大量对外投资替代本地发展成为北京高端服务业发展的主要途径。

表4-20　2017年北京市高端服务业本地投资和北京投资比重　　单位：%

行业 \ 指标	北京投资中投资于本地所占比重	本地投资中北京投资所占比重
信息传输、软件和信息技术服务业	34.2	80.2

续表

行业 \ 指标	北京投资中投资于本地所占比重	本地投资中北京投资所占比重
金融业	24.2	95.0
租赁和商务服务业	20.0	53.5
科学研究和技术服务业	22.4	62.8
水利、环境和公共设施管理业	32.4	68.8
教育	7.7	25.9
卫生和社会工作	16.6	34.2
文化、体育和娱乐业	24.3	68.4

资料来源：龙信数据。

四 北京对于高端服务业发展的政策要求

《北京城市总体规划（2016年—2035年）》中对于北京城市发展，按照五大发展理念，列出了42项指标。这42项指标中与产业发展密切相关的有四个方面：一是劳动生产率要求；二是资源占用限制，包括人口和土地资源；三是生态环境要求，包括污染物排放以及水耗和能耗等要求；四是对经济发展特质的要求，主要是要求科技创新，包括发明专利数、研发经费、外资研发机构数量、海外高层次人才引进等方面。具体见表4-21。

表4-21 《北京新总规》对产业发展的指标要求

分项		指标	2015年	2020年	2035年
劳动生产率	1	全社会劳动生产率（万元/人）	19.6	23	提高
资源占用限制	2	常住人口规模（万人）	2170.5	≤2300	2300
	3	城六区常住人口规模（万人）	1282.8	1085左右	≤1085

续表

分项		指标	2015年	2020年	2035年
资源占用限制	4	城乡建设用地规模（平方千米）	2921	2860左右	2760左右
	5	平原地区开发强度（%）	46	≤45	44
生态环境要求	6	单位地区生产总值水耗降低（比2015年）（%）	—	15	>40
	7	单位地区生产总值能耗降低（比2015年）（%）	—	17	达到国家要求
	8	单位地区生产总值二氧化碳排放降低（比2015年）（%）	—	20.5	达到国家要求
经济发展特质要求	9	全社会研究与试验发展经费支出占地区生产总值的比重（%）	6.01	稳定在6左右	
	10	基础研究经费占研究与试验发展经费比重（%）	13.8	15	18
	11	万人发明专利拥有量（件）	61.3	95	增加
	12	外资研发机构数量（个）	532	600	800
	13	引进海外高层次人才来京创新创业人数（人）	759	1300	增加

对于高端服务业而言，各行业在生态环境影响方面差别不大，行业差异主要体现在其他三个方面。从数据可得性出发，我们用三个指标来衡量这三个方面。一是产业劳动生产率。这个指标一方面反映劳动生产率要求，另一方面反映资源占用情况，劳动生产率越高，则占用的资源越少。二是产业万人发明专利拥有量。这是一个能够反映产业创新水平的核心指标。三是产业吸引外来人口情况。有些产业虽然雇佣员工数量并不多，但是会吸引服务对象聚集，这样的行业显然不符合首都功能定位要求。具体数据见表4-22。

表 4-22　　　　　高端服务业情况与政策要求比较[①]

高端服务业	劳动生产率（万元/人）	万人发明专利拥有量（件）	是否容易吸引外来服务对象
信息传输、软件和信息技术服务业	27.6	40.75	否
金融业	72.5	1.64	否
租赁和商务服务业	9.9	2.13	否
科学研究和技术服务业	23.0	130.96	否
水利、环境和公共设施管理业	14.6	6.25	否
教育	20.4	0.04	是
卫生和社会工作	19.0	0.26	是
文化、体育和娱乐业	22.1	1.11	否
政策要求	23 以上	95 以上	否

资料来源：劳动生产率数据来自表 3-10，万人发明专利拥有量数据来自龙信数据，政策要求数据来自《北京新总规》。

表中各行业采用的是 2016 年的数据，而政策要求部分采用的是 2020 年及以后的数据。按照劳动生产率的政策标准，2016 年已经符合达标的是金融业，信息传输、软件和信息技术服务业，科学研究和技术服务业。考虑到时间差，我们采用淘汰法，把劳动生产率明显偏低的水利、环境和公共设施管理业排除，而文化、体育和娱乐业，教育以及卫生和社会工作虽然目前尚达不到政策要求，但相差不大，经过几年发展后应该可以达标。[②] 租赁和商务服务业虽然劳动生产率比较低，但这种低劳动生产率主要是大量的规模以下企业造成的，而该行业规模以上企业的劳动生产率是非常高的，仅次于金融业。从万人发明专利拥有量来看，唯一达到要求的是科学研究和技术服务业，其次是信息传输、软件和信息技术服务业。信息传输、软件和信息技术服

---

① 各行业采用的是 2016 年数据。
② 与工业相比，服务业发展的效率特征不是很明显，因此对于服务业而言不宜一味追求高效率。

务业虽然明显低于科学研究和技术服务业，但是远远高于其他行业。因此，从科技创新角度看，这两个行业是北京必须重点发展的高端服务业。从容易吸引外来人口看，教育以及卫生和社会工作应该被排除。综合以上分析，符合政策要求的高端服务业应该是金融业，信息传输、软件和信息技术服务业，科学研究和技术服务业，文化、体育和娱乐业以及租赁和商务服务业。

五 适合首都发展的高端服务业

根据前面分析，结合北京的实际情况以及政策要求，考虑到北京目前疏解非首都功能的阶段性影响，并借鉴国际经验，北京高端服务业的发展可以分为三类。

第一类是北京本地需要重点发展的高端服务业。这类服务业包括金融业、商务服务业以及科学研究和技术服务业。这三个行业都是北京本地投资最高的行业，投资额度远远高于其他行业，北京拥有较好的产业基础。金融业发展对环境要求很高。从世界范围看，国际大都市同时也都是金融中心，即使是以政治功能为核心的占地面积很小的华盛顿特区，其金融业也非常发达。因此，无论是作为国际大都市还是作为首都，北京都应该大力发展金融业。租赁和商务服务业无论是本地投资还是对外投资，都是北京规模最大的高端服务业，而且投资大于所有其他高端服务业之和。与此同时，除了2017年由于政策因素本地投资大幅萎缩之外，本地投资一直大于对外投资，因此租赁和商务服务业在北京有很好的产业基础。该行业企业数量众多，规模效应明显，资产和利税都主要集中在规模以上企业尤其是大企业特别是总部企业。根据2013年经济普查数据，北京租赁和商务服务业的主体是商务服务业，企业占比超过90%，资产和利润超过99%。商务服务业属于专业服务业范畴。从国际城市和华盛顿特区来看，专业服务业都是城市主要产业，因此，北京也应该重点发展租赁和商务服务业，不过发展重点要放在提升质量而不是数量上。科学研究和技术服务业也属于专业服务业范畴，是国际大都市的重要产业。北京科学研究和技术服务业的投资虽然明显低于租赁和商务服务业以及金融业，但是明显高于其他行业，加上北京雄厚的科技资源，科学研究和技术服务业的产业基础是非常不错的。与全国其他省市自治区相比，该行业北京既具有结构竞争优势，也具有地区竞争优势，同时也是北京八大高端服务业中唯一对外服务超过对内服务的行业。2016年以来，受非首都功能疏解的影响，北京本地投资大幅下滑，但是作为首都功能之一——科技创新中心——的支柱产业，中央和北京市对该行业的支持在八大高端服务业中是最为明确的，也是未来北京产业发展的主攻方向，因此该行业应该成为北京重点发展的高端服务业。

第二类是北京不鼓励发展，但也不用限制发展的高端服务业。这类服务业包括信息传输、软件和信息技术服务业，水利、环境和公共设施管理业，以及文化、体育和娱乐业。信息传输、软件和信息技术服务业可以分为两个部分：一是信息传输业；二是软件和信息技术服务业，其中信息传输业所占比重较大。根据第三次全国经济普查数据，北京信息传输业虽然企业数量不多，占比仅2.4%，但是资产占比高达68.5%，利润占比高达75%。[1] 信息传输业虽然在统计上被纳入服务业范畴，但从生产属性看该行业具有工业生产特征，提供的主要是产品而不是服务，这一点在第一章已经阐明。该行业的高效率主要来自其类似于工业的重资产自动化规模生产，而不是其人员的高技术知识含量，因此不宜作为北京重点发展的高端服务业。软件和信息技术服务业部分类似于技术服务业，属于专业服务业范畴，应该重点发展。

---

[1] 根据《北京经济普查年鉴2013》数据计算，北京市统计局网站（http：//tjj.beijing.gov.cn/）。

北京水利、环境和公共设施管理业虽然发展较快,在全国具有一定竞争优势,但是本地产业基础并不雄厚,行业地位并不稳固①,且该行业劳动生产率偏低。此外,该行业具有较强的公益性质,市场化会受到影响,因此不宜作为重点发展行业。文化、体育和娱乐业是与北京文化中心定位相吻合的支柱产业。不过与科技创新中心相比,文化中心的产业含义并不显著,文化中心更加强调人文关怀、人文风采和文化魅力。虽然文化中心建设要求打造具有首都特色的文化创意产业体系,具有核心竞争力的知名文化品牌,但是这种产业化应该是文化发展在产业方面的自然延伸,而不应该单独成为目标。正是由于文化产业对文化本身的严重依赖,政府推动文化产业发展的效果往往不如其他产业那么明显。近几年,虽然北京大力鼓励文化产业发展,但北京的文化、体育和娱乐业相对于其他高端服务业发展还是比较缓慢的,行业增加值占地区生产总值的比重和劳动力占比都在下降,这说明该行业的发展受到一些隐性因素的制约。实际上,由于文化产业具有较强的意识形态属性,政府对于文化产业的管制比较严格,文化产业在服务业中占比一直不是很高。2017年全国文化、体育和娱乐业劳动力占第三产业的比重仅1.6%,2016年增加值占第三产业比重仅0.7%。②北京作为首都,讲政治是第一位的,这方面自然更加谨慎,因此虽然政策鼓励,但是文化、体育和娱乐业在北京的发展还是受到一定制约。此外,虽然北京的文化、体育和娱乐业在全国具有结构竞争优势,但是在北京高端服务业中所占比重不高,投资占比也不大,即使发展缓慢对北京经济整体发展影响也不大。

第三类是北京要限制发展的高端服务业。这类服务业包括教育以及卫生和社会工作。这两个行业北京是有明显竞争优势的,资源优势

---

① 从表4-17看,北京的水利、环境和公共设施管理业虽然发展速度比全国快,但是结构竞争优势并不明显。
② 根据《中国第三产业统计年鉴2018》第37页和第39页数据计算。

也非常明显，但是因为容易吸引外来人口，造成人员密集，与首都功能定位不相符，与北京人口控制和疏解目标相矛盾，因此成为政府明确疏解的行业。同时，由于这两个行业具有较强的公益属性，以体制内单位为主，市场化程度不高，政府的影响力比较大，疏解相对比较容易。京津冀协同发展中的一个非常重要的方面就是社会公共服务的协同，而这两个服务业正是社会公共服务的重要内容。在满足北京本地基本需要的基础上，北京这两个行业可以通过京津冀政府之间的协作，向津冀疏解发展，尤其是向河北发展。在带动河北发展的同时，也为自身取得更大发展空间。这两个行业在北京的发展应该以满足本地需要为界。

第五章

北京发展高端服务业的政策及建议

第一节　北京现阶段关于高端服务业发展的政策

一　党的十八大以来北京产业政策发生重大变化

一直以来，北京都是通过制定一系列政策来指导产业的发展。党的十八大以来的一个重大变化是，北京作为首都，其发展不再是北京的事情，而是属于中央事务，决策权在中央，而不是地方，北京的工作就是保证中央政策在地方的执行。习近平总书记从2014—2017年两次视察北京，对北京发展定位做出明确指示，成为《北京新总规》制定的根本原则。2017年6月27日，中央政治局召开会议审议《北京新总规》，2017年9月13日，中共中央、国务院批复《北京新总规》。批复明确指出："《总体规划》是北京市城市发展、建设、管理的基本依据，必须严格执行，任何部门和个人不得随意修改、违规变更。北京市委、市政府要坚持一张蓝图干到底，以钉钉子精神抓好规划的组织实施……《总体规划》执行中遇有重大事项，要及时向党中央、国务院请示报告。"① 在实践层面，2014年中央成立了由国务院常务副总理担任组长的京津冀协

---

① 《中共中央　国务院关于对〈北京城市总体规划（2016年—2035年）〉的批复》（国务院网站，http://www.gov.cn/zhengce/2017-09/27/content_5227992.htm）。

同发展领导小组，督促京津冀把习近平总书记重要讲话精神不折不扣落实到工作实践中。这意味着在京津冀一体化上升为国家战略之后，中央开始加强顶层设计，统筹协调京津冀三地发展。北京的重大发展事项都必须获得该小组的批准，北京未来的产业发展已经在中央的严格监控之下。

随着政策环境的重大变化，党的十八大以来北京产业政策的变化也非常大。2014年4月《京津冀协同发展纲要》出台之后，北京对之前的产业政策做了很大调整，提出发展高精尖产业，工作重点从发展转向疏解。2017年《北京新总规》出台之后，北京的产业发展方向和思路逐步明确，减量发展、创新发展和绿色发展成为北京高质量发展的三条基本原则，并逐步形成具体的产业政策。对于现阶段以及未来北京产业政策的把握，我们应该以《京津冀协同发展纲要》出台以后，尤其是《北京新总规》出台以后的政策为准。同时，对北京地方政策的理解要以中央决策为主要依据，因为地方政策主要是落实中央政策，北京在制定地方政策的时候都要以中央政策为依据。

二 中央关于北京高端服务业发展的政策

目前，中央政策中与北京高端服务业发展关系最为密切的有五个：一是《京津冀协同发展纲要》；二是国务院把北京列为服务业扩大开放综合试点城市；三是《国务院关于同意深化服务贸易创新发展试点的批复》；四是《中共中央国务院关于设立河北雄安新区的通知》；五是《北京城市总体规划（2016年—2035年）》。

（一）《京津冀协同发展纲要》

《京津冀协同发展纲要》2014年4月30日由中央政治局审议通过。该纲要把北京城市发展置于以首都为核心的世界级城市群这样的一个大的框架下，虽然不是专门针对北京，但是其中涉及北京的部分对于北京发展而言可以说是顶层设计文件,《北京新总规》就是该纲要对北京发展要求的细化。《京津冀协同发展纲要》要求三省市坚持"一盘棋"发展,构建"一核、双城、三轴、四区、多节点"的区域协同发展格局。其中,有序疏解北京非首都功能是京津冀协同发展的核心,习近平总书记称之为"牛鼻子"。该纲要对三省市的功能都进行了明确定位,其中,北京的功能被定位为"全国政治中心、文化中心、国际交往中心和科技创新中心"。该纲要在提出京津冀协同发展框架的同时,也提出了近期工作重点,要求在京津冀交通一体化、生态环境保护、产业升级转移等重点领域率先取得突破。京津冀三地都按照《京津冀协同发展纲要》制定了本地发展规划,并开展工作。对于北京而言,最重要的工作就是疏解。目前,北京正在开展疏解整治促提升专项行动,这是现阶段北京的主要工作,也是所有工作的重中之重。

(二)国务院把北京列为服务业扩大开放综合试点城市

从 2015 年 5 月到 2019 年 1 月,国务院三次批复北京市服务业扩大开放综合试点方案。2015 年 5 月 5 日,国务院正式批复为期三年的由北京市和商务部制定的《北京市服务业扩大开放综合试点总体方案》,北京成为全国首个也是唯一一个服务业扩大开放综合试点城市,方案包括开放科学技术服务、文化教育服务、金融服务、商务和旅游服务、健康医疗服务以及改革对外投资管理体制 6 个方面,共涉及科学研究与技术服务业,交通运输、仓储和邮政业,文化、体育和娱乐业,金融业,租赁和商务服务业,卫生和社会工作 6 个行业共 11 条措施。为进一步深化改革、推进北京市服务业扩大开放综合试点工作,在试点两年之后,北京市和商务部又制定了《深化改革推进北京市服务业扩大开放综合试点工作方案》,并于 2017 年 6 月 25 日获得国务院正式批复①,

---

① 《国务院关于深化改革推进北京市服务业扩大开放综合试点工作方案的批复》(国函〔2017〕86 号)。

共涉及航空运输业，其他建筑业，广播、电视、电影、音像业，文化艺术业，银行业，企业管理服务，法律服务，人力资源服务业，医学研究与试验发展 9 个行业 11 条措施。为配合《深化改革推进北京市服务业扩大开放综合试点工作方案》的执行，国务院于 2017 年 12 月 10 日在北京市暂时调整《营业性演出管理条例》第十条、《娱乐场所管理条例》第六条、《中华人民共和国外资银行管理条例》第三十四条、《外商投资民用航空业规定》第三条、《外商投资产业指导目录》中"禁止外商投资产业目录"第 22 项规定的有关行政审批和资质要求、股比限制、经营范围限制等准入特别管理措施。① 在三年试点结束后，北京市和商务部又制定了《全面推进北京市服务业扩大开放综合试点工作方案》，并于 2019 年 1 月 31 日获国务院批准②，共涉及租赁和商务服务业，信息传输、软件和信息技术服务业，金融业，科学研究和技术服务业，卫生和社会工作以及文化、体育和娱乐业 6 大行业 14 条具体开放措施，制定了约 180 项试点任务，对产业开放、新业态发展、区域协作、体制机制改革等均做出了相关安排。

与自贸试验区的园区开放模式相比，北京试点是产业开放模式，直接以产业为开放对象，在全市行政辖区范围内实行无差别的产业开放政策。在这么大的地域范围内开放，更有利于形成统一的市场环境，形成城市整体开放经验。从国务院对北京市服务业开放的三次批复中可以看出，国家对北京市服务业的对外开放高度重视，非常支持。北京开放的行业以高端服务业为主，而北京服务业对外开放的广度和深度也都在不断加大。服务业，尤其是高端服务业，是我国政府高度管制的行业。国家之所以选择北京作为对外开放的综合试点城市，不仅

---

① 《国务院关于在北京市暂时调整有关行政审批和准入特别管理措施的决定》（国发〔2017〕55 号）。

② 《国务院关于全面推进北京市服务业扩大开放综合试点工作方案的批复》（国函〔2019〕16 号）。

因为北京是全国服务业最发达的城市，有着较好的试点基础，更是基于国家发展战略的需要。从发达国家发展经验来看，经济发展到一定水平，服务业必然会取代工业成为主导产业。我国2012年第三产业产值超过第二产业，开始进入服务经济主导的阶段，服务业发展的好坏直接决定我国经济的未来。党的十八大以来，我国大力推进产业转型升级，经济发展从高速发展阶段进入高质量发展阶段，而服务业发展质量是我国高质量发展最为重要的组成部分。对外开放是实现我国高质量发展的必由之路，中央对此态度非常明确。习近平总书记在2018年博鳌亚洲论坛开幕式的讲话中明确指出"中国开放的大门不会关闭，只会越开越大"，并提出大幅度放宽市场准入、创造更有吸引力的投资环境、加强知识产权保护、主动扩大进口四大开放措施。① 国家把北京作为服务业扩大开放综合试点城市，就是要探索出一条中国服务业通过对外开放实现高质量发展的路径。对此，国务院在三次批复中都有明确指示。在2015年的批复中，指出要"注重体制机制创新，加快市场准入机制和监管模式改革，推动配套支撑体系建设，激发市场活力，建立健全服务业促进体系，带动服务业整体转型升级"。在2017年的批复中，指出要"构建开放型经济新体制，进一步深化北京市服务业扩大开放综合试点，深入探索服务业开放模式，突出服务业体制机制改革，加快构建与国际规则相衔接的服务业扩大开放基本框架，进一步提升北京现代服务业和服务贸易发展水平，使北京市服务业扩大开放综合试点成为推进供给侧结构性改革和国家全方位主动开放的重要实践，为全面深化改革、探索开放型经济新体制做出新贡献"。在2019年的批复中，指出要"推进服务业更高水平对外开放，营造国际一流营商环境，为推动全方位对外开放做出贡献"。中央给

---

① 习近平：《开放共创繁荣 创新引领未来——在博鳌亚洲论坛2018年年会开幕式上的主旨演讲》，新华网（http://www.xinhuanet.com/politics/2018-04/10/c_1122659873.htm）。

予北京对外开放的优良政策环境为北京高端服务业发展提供了广阔的空间。

（三）《国务院关于同意深化服务贸易创新发展试点的批复》

国务院 2018 年 6 月 1 日批复，同意在北京、天津、上海、海南、深圳、哈尔滨、南京、杭州、武汉、广州、成都、苏州、威海和河北雄安新区、重庆两江新区、贵州贵安新区、陕西西咸新区等省市（区域）深化服务贸易创新发展试点。深化试点期限为 2 年，自 2018 年 7 月 1 日起至 2020 年 6 月 30 日止，共涉及金融服务、电信服务、旅行服务和专业服务 4 大领域和银行业、离岸呼叫中心业务、签证便利、跨境自驾游、工程咨询服务、法律服务 6 个行业。批复提出了进一步完善管理体制、进一步扩大对外开放、进一步培育市场主体、进一步创新发展模式、进一步提升便利化水平、进一步完善政策体系、进一步健全统计体系、进一步创新监管模式 8 大任务 42 条措施；并规定在深化试点期间，暂时调整实施相关行政法规、国务院文件和经国务院批准的部门规章的部分规定。与北京市作为服务业扩大开放综合试点的开放措施相比，服务贸易创新发展试点的开放行业有部分扩大，最为关键的是体制机制上改革创新力度更大。国家把北京作为服务业扩大开放综合试点和深化服务贸易创新发展试点，为北京高端服务业的发展提供了广阔的空间。

（四）《中共中央国务院关于设立河北雄安新区的通知》

《中共中央国务院关于设立河北雄安新区的通知》于 2017 年 4 月 1 日发布。这个通知虽然不是关于北京的，但是作为首都两翼之一，雄安新区的发展与北京的发展密切相关。这种相关性主要体现在三个方面。一是雄安新区的一个重要功能就是承接北京非首都功能的转移，这意味着北京非首都功能疏解的进度与雄安新区的建设进度密切相关。二是北京的产业发展与雄安新区存在一定竞争关系。雄安作为我国新时代创新驱动的试验区，其经济发展定位是高端高新产业，其中高端服务业是其重要内容，这与北京高端服务业的发展定位非常类似，雄安新区发展不可避免与首都高端服务业发展形成竞争关系。根据京津冀协同发展的要求，北京高端服务业与雄安新区高端服务业必须错位发展。目前，对于北京与雄安如何错位发展中央还没有明确指示，但是北京发展必须要考虑到中央未来政策要求。从中央要求来看，雄安新区在体制机制改革方面的力度非常大，是中国城市未来发展的标杆。北京作为一座老城，受现实条件限制，改革的力度和进度可能不如雄安新区，但是也要以雄安新区的建设标准为目标推进改革进程，这样才能在未来与雄安新区在高水平上保持协同发展。三是北京要支持雄安新区的发展。对于雄安新区建设，河北负主体责任，但作为首都一翼，支持雄安新区发展也是北京分内的事情。北京市委书记蔡奇多次强调要全力支持河北雄安新区建设，明确表态"切实把支持雄安新区建设当成自己的事来办，坚决做到雄安新区需要什么就支持什么，有求必应、毫不含糊"。① 目前，北京在援建雄安新区一批中小学、幼儿园、医院等优质公共服务项目，其中4所援建学校已经挂牌。北京与河北已签署共建雄安新区中关村科技园协议，首批12家中关村企业入驻。由于北京正在疏解非首都功能，经济发展受到一定影响，同时还要进行通州城市副中心建设，财政相对比较困难。在这种情况下，北京在发展时必须考虑财政所能给予的支持，尽力而为的同时量力而行。

（五）《北京城市总体规划（2016年—2035年）》（简称《北京新总规》）

中共中央国务院2017年9月13日批复了《北京新总规》。这是北京2016—2035年发展的纲领性文件，是中央对北京发展要求的具体体现。围绕北京建设国际一流和谐宜居之都的目标和"四个中心"的功

---

① 徐鹏飞：《北京市委书记蔡奇：把支持雄安新区建设当自己事来办》，《北京日报》2018年2月26日。

能定位，《北京新总规》多规合一，从城市布局建设、公共服务、经济发展、社会发展、文化发展、生态环境、京津冀协同发展等方面对北京进行了全面规划，可以说北京未来发展的各项工作都囊括其中。除了一些限制性指标（如人口控制、土地控制、生态环境控制、产业控制、能耗水耗控制），《北京新总规》也指明了北京创新发展的方向，并提出了明确的要求。北京各项事业发展规划和各区发展规划都要以此为依据，高端服务业的发展也必须符合《北京新总规》的要求。

三 北京市关于高端服务业发展的政策

北京与高端服务业发展相关的政策主要有三类：第一类是各种地方规划及市级层面事业发展规划；第二类是各种行动计划；第三类是产业政策。

（一）地方规划

根据《北京新总规》，北京正在制定各种具体落实的规划。这些规划共有三类。一是分区规划。分区规划是区级层面的总体规划，由市规划自然资源委统筹组织，各区政府自主编制。目前，除了东西城的各区都已经公示了2016—2015年分区规划草案，其中，《北京城市副中心控制性详细规划（街区层面）（2016年—2035年）》已经获国务院批复，正式出台。首都功能核心区控制性详细规划的正在编制之中，尚未公示。二是功能区规划。目前，《亦庄新城规划（国土空间）（2017年—2035年）（草案）》已经公开征求意见，新城面积扩至225平方千米。"三城一区"规划已经基本编制完成。针对中轴线和长安街及其延长线的规划设计正在研究之中。三是事业发展规划。目前已经出台的与产业发展密切相关的事业规划有《北京市"十三五"时期加强全国科技创新中心建设规划》《北京市"十三五"时期现代产业发展和重点功能区建设规划》《北京市"十三五"时期信息化发展规划》《北京市促进金融科技发展规划（2018年—2022年）》，《北京市商业服务业设施空间布局规划（草案）》正在征求意见。这些地方规划和市级层面产业发展规划处于承上启下的位置。承上需要传导总体规划确定的目标、指标和任务，启下要为控制性详细规划、乡镇域规划、规划实施管理以及具体产业政策提供依据和指导。

（二）行动计划

除了制定规划，北京还出台了一系列行动计划来落实北京市根据中央要求制定的各项决策。其中，与高端服务业发展密切相关的有：《北京市人民政府关于组织开展"疏解整治促提升"专项行动（2017—2020年）的实施意见》《促进城市南部地区加快发展行动计划（2018—2020年）》《北京市关于全面深化改革、扩大对外开放重要举措的行动计划》《推进京津冀协同发展2018—2020年行动计划》等。除了市级层面行动计划之外，还有市级部门和区级行动计划，如市发改委发布的《北京市进一步优化营商环境行动计划（2018年—2020年）》、市商务局出台的《北京市提高商业服务业服务质量提升北京服务品质三年行动计划》、石景山区政府出台的《落实推进〈北京市服务业扩大开放综合试点实施方案〉三年行动计划（2015—2018年）》。与规划相比，这些行动计划期限更短，目标更明确，措施更具体，执行力度更大，效果更加显著。这些行动计划不但列有目标和任务，还列有具体责任部门和责任人，以及一些具体的做法，是更贴近实践的政策，对高端服务业的发展影响也更大。

（三）产业政策

为了鼓励和限制某些产业的发展，北京出台了一些产业政策。这些政策有些是直接针对高端服务业的，有些虽然不是直接针对高端服务业，但是与高端服务业密切相关。例如，负面清单限制一些非高端服务业发展，从而间接为高端服务业提供了发展空间；鼓励消费政策中，涉及大量高端服务业消费的内容；诚信建设是营商环境的重要内容，是高端服务业发展的土壤；人才是高端服务业的基础，因此人才政策与高端服务业密切相关。从级别看，这些政策有些是市级层面的，有些则属于部门政策。部分政策如表5-1所示。

表 5-1　　　　北京市与高端服务业相关的产业政策

层级 关联度	市级政策	部门政策
直接相关政策	《北京市人民政府关于进一步优化提升生产性服务业加快构建高精尖经济结构的意见》 《中共北京市委北京市人民政府关于印发加快科技创新构建高精尖经济结构系列文件的通知》 《北京市人民政府关于促进旅游业改革发展的实施意见》 《北京市人民政府关于加快科技创新构建高精尖经济结构用地政策的意见（试行）》 《全面推进北京市服务业扩大开放综合试点工作方案》 《北京市服务贸易创新发展试点工作实施方案》 《关于保护老旧厂房拓展文化空间的指导意见》 《关于推进文化创意产业创新发展的意见》	《关于促进我市商业会展业高质量发展的若干措施（暂行）》 《关于进一步促进展览业创新发展的实施意见》
间接相关政策	《关于推进供给侧结构性改革进一步做好民间投资工作的措施》 《北京市引进人才管理办法（试行）》 《中共北京市委北京市人民政府关于开展质量提升行动的实施意见》 《北京市人民政府关于大力推进大众创业万众创新的实施意见》 《关于深化中关村人才管理改革构建具有国际竞争力的引才用才机制的若干措施》 《关于全面加强新时代首都技能人才队伍建设的实施意见》	《建设项目规划使用性质正面和负面清单》 《关于优化住房支持政策服务保障人才发展的意见》

续表

层级 关联度	市级政策	部门政策
间接相关政策	《北京市人民政府关于积极推进"互联网+"行动的实施意见》	
	《北京市人民政府关于培育扩大服务消费优化升级商品消费的实施意见》	
	《关于进一步激发重点群体活力带动城乡居民增收的若干政策措施》	
	《北京市政府核准的投资项目目录（2018年版）》	
	《北京市新增产业的禁止和限制目录（2018年版）》	
	《北京市人民政府关于建立完善信用联合奖惩制度加快推进诚信建设的实施意见》	

四 政策实施及存在的问题

（一）政策实施情况

在目前北京出台的众多政策中，实施力度最大、效果最为显著的主要有三个方面的政策：一是对外开放；二是疏解整治促提升；三是营商环境。

1. 对外开放

自 2015 年开展服务业对外开放综合试点以来，北京共实施了 226 项试点任务、21 项开放措施，形成 68 项全国首创或具有全国最优效果的开放创新举措，并推广了 4 批试点经验，试点政策成效逐步显现。[1] 据商务部部长助理李成钢介绍，"试点以来，北京市新设服务业企业 64 万家，一批新模式和新业态在京落地。2017 年，北京市实际利用外

---

[1] 吉宁、李嘉盈：《"京味"改革打造服务业扩大开放新高地》，《经济参考报》2019 年 6 月 18 日。

资233亿美元，首次跃居全国首位；2018年服务业增加值占GDP比重达81%，实际利用外资167亿美元，是试点前的2014年的1.9倍"。①微观层面，随着开放措施的推进，一大批外资控股或外资独资公司在京落地：国内首家外资控股的飞机维修合资公司法荷航集团、中国首家外资控股证券机构瑞银证券以及全球最大的银行卡支付机构VISA在京落地，成为国内第一家外资银行卡清算机构，日本最大唱片公司爱贝克思、日本永旺幻想（中国）儿童游乐有限公司、美国龙之传奇等一批外商独资文化项目落户北京，国际知名评级机构穆迪、标普、惠誉三大公司在京新设立法人机构，罗尔斯-罗伊斯、法国电力集团等知名企业在京新设立投资性公司。

在管理体制方面北京也进行了大量创新：北京在全国率先实施离境退税政策；对接国际惯例，对外资企业采用"双积分"信用管理模式，采取行业资质和良好信用积正分、不良信用积负分的双维积分方式；首创"链式"监管模式，将加工贸易监管对象由"生产企业"转为"设计企业"，允许以设计企业作为海关备案主体，通过在京设计企业将保税政策延伸至京内外的全产业链，通关效率提高20%以上；推出"外商投资企业商务工商备案事项结果互认的一体化"改革措施，实现商务、工商部门之间登记结果互认，企业申报材料减少50%，办理时限缩短3—5天；通过资源整合，推出全国首家"一站式"特殊物品及生物材料进出口公共服务平台，医用特殊物品审批时间从两三个月缩短到3—5天，生物试剂平均通关时间从3.5天缩短到1.5天；创立版权、专利权等无形资产融资租赁模式，推出全国首支知识产权证券化产品；建立"企业自律、上限管理"外债借用管理模式，取消内资企业不能借入外债的限制，允许符合条件的中外资企业

---

① 《新闻办就全面推进北京市服务业扩大开放综合试点举行发布会》，中华人民共和国中央人民政府网（http://www.gov.cn/xinwen/2019-04/10/content_5381235.htm）。

额度之内"自主借债、灵活使用";建立专门的外籍人才服务大厅,快速办理外国人申请永久居留、长期居留许可等出入境事项,并直报国家有关部门,使外籍人才申办永久居留的时限由180个工作日缩短为50个工作日,外籍人才申办居留许可的时限由15个工作日缩短至10个工作日;推出全国首个集成政府性担保资源、政策性保险资源、银行资源的中小企业出口金融服务平台——"政保贷";首创外资企业设立备案登记"单一窗口、单一表格";针对不同产业采取"产业定制"的便利化举措,如对文化产业推进海关特殊监管区域管理模式,开展文物艺术品"区内存储+区外展拍"保税交易,并实现入区审核、出区担保,为企业提供便利化的审核手续,降低企业出区担保费用负担70%。

2. 疏解整治促提升

《京津冀协同发展规划纲要》颁布以后,北京就开始大力推进疏解工作,力度逐年加大。2014年制定实施新增产业的禁止和限制目录,关停退出一般制造业和污染企业392家,推进产业转移疏解项目53个,拆除中心城商品交易市场36个。[①] 2015年修订新增产业的禁止和限制目录,不予办理的工商登记业务累计1.3万件;关停退出一般制造和污染企业1006家,退出低端市场228家。[②] 2016年继续严格实施新增产业禁止和限制目录,累计不予办理登记业务1.64万件。拆除违法建筑超过3000万平方米,清理地下空间1400多处,整治违法群租房1.56万间,清理无证无照经营3.3万户。关停退出一般制造业和污染企业335家,疏解各类商品交易市场117家。[③] 2017年疏解工作

[①] 北京市人民政府2015年《政府工作报告》,人民网(http://leaders.people.com.cn/n/2015/0203/c58278-26496475.html)。

[②] 北京市人民政府2016年《政府工作报告》,人民网(http://bj.people.com.cn/n2/2017/0106/c380064-29563886.html)。

[③] 北京市人民政府2017年《政府工作报告》,人民网(http://leaders.people.com.cn/n1/2017/0123/c58278-29042769.html)。

进一步升级为"疏解整治促提升"专项行动。累计不予办理登记业务1.86万件,关停退出一般制造业企业1992家,调整疏解各类区域性专业市场594家,大力整治违法建设、"开墙打洞"、占道经营、背街小巷环境脏乱等突出问题。① 拆除违法建设5985万平方米,腾退占地9464万平方米。② 2018年分类细化修订新增产业禁止和限制目录,全年累计不予办理工商登记2.16万件。③ 退出一般制造业企业656家,疏解提升市场和物流中心204个,整治"开墙打洞"8622处。天坛医院实现整体搬迁。中心城区29个老旧小区综合整治试点进展顺利。完成1141条背街小巷环境整治提升,核心区80千米道路电力架空线入地。拆违腾退土地6828公顷、还绿1683公顷,建成城市休闲公园28处、小微绿地121处,全市公园绿地500米服务半径覆盖率提高到80%。建设提升基本便民网点1529个,"一刻钟社区服务圈"城市社区覆盖率达到92%。④

经过四年多的疏解整治,北京人口疏解取得明显进展。2016和2017两年中心城区人口下降74万人。⑤ 2018年,北京市统计局公布的数据显示,北京全市常住人口2154.2万人,比上年末下降0.8%,比上一年减少了16.5万。⑥

3. 营商环境

党的十八大以来,北京按照国务院的安排,一直在进行商事制度改革,改善营商环境,如"证照分离""双随机、一公开"等。不过

---

① 北京市人民政府2018年《政府工作报告》,人民网(http://bj.people.com.cn/n2/2018/0202/c82837-31210890.html)。
② 《北京2017年拆除违法建设5985万平方米》,千龙网(http://beijing.qianlong.com/2018/0209/2389198.shtml),2018年2月9日。
③ 陈雪柠:《北京市去年不予办理工商登记2.16万件》,《北京日报》2019年4月2日。
④ 北京市人民政府2018年《政府工作报告》,人民网(http://bj.people.com.cn/n2/2018/0202/c82837-31210890.html)。
⑤ 李泽伟:《北京城六区常住人口两年下降74万人》,《北京青年报》2018年11月23日。
⑥ 北京市统计局:《2018年国民经济和社会发展统计公报》,北京市统计局网站(http://tjj.beijing.gov.cn/)。

北京把改善营商环境作为一个大事来抓是在2017年。2017年7月17日，习近平总书记召开中央财金领导小组第16次会议，要求营造稳定公平透明的营商环境，加快建设开放型经济新体制。2017年9月16日，北京市委市政府印发《关于率先行动改革优化营商环境实施方案》，以此为起点，北京大规模改善营商环境工作全面铺开。10月31日，世界银行发布2018年全球营商环境评估报告，其中中国营商环境全球排名第78位。北京是代表中国参评的两个样本城市之一。这份报告引起了北京市委市政府的高度重视。对标世界银行营商环境评价指标的"开办企业、办理建筑许可、获得电力、产权登记、获得信贷、保护中小投资者、纳税、跨境贸易、合同执行、破产办理、劳动力市场监管"11个方面，以及对接国家要求和北京实际情况的"获得用水用气、政府采购、招标投标、政务服务、知识产权创造保护和应用、市场监管、包容普惠创新"7个方面，北京市各委办局出台了100多项政策措施，政策解读近80项。2018年7月18日发改委出台了《北京市进一步优化营商环境行动计划（2018年—2020年）》，确定了三年北京市营商环境改革的时间表和"施工图"，提出了营造"更加便利的政务环境""更加开放的投资贸易环境""更加优越的创新创业环境"和"更加公平的诚信法治环境"四个方面22条工作任务，并成立了由市政府副秘书长负责的专门机构——市政务服务局。

在北京市政府部门的持续努力下，北京市营商环境在较短时间内有了很大改善。市区级审批服务大厅建立之后，综合窗口在对外接件办理各项审批手续时，需提交的材料减少70%以上，手续简化50%以上。新办企业可全程网上办理，一天即可领取执照（电子证照）。在世界银行10月31日公布的2019年全球营商环境评价报告中，中国排名大幅提升，从78位提高到46位。其中，开办企业环节从原来的7个压缩为4个，办理时间从原来的24天压缩到8天；获得电力办理环节从原来的6个缩减为3个，平均用时由原来的141天大幅缩减到34

天。同时，在国家发展改革委对国内 22 个主要城市开展的营商环境试评价中，北京综合排名第一。此外，北京还大幅降低企业税费，2018 年减税降费 400 亿元。

（二）政策实施中的共性问题

政策实施中的共性问题主要有两个。一是政策长期有效性问题。目前，政策中行政力量起主导作用，各类行动计划具有明显的运动特征。行政措施虽然见效快，但运动一过就会淡化，老问题又会反弹，长期效果堪忧，这已经被历史多次证明。二是政策对产业生态的破坏。目前北京有明确的鼓励产业和限制产业，但是产业之间存在复杂的有机联系，共同形成产业生态，对一些产业的限制很有可能影响所鼓励产业的发展。实际上北京已经出现了这种情况。《北京市新增产业的禁止和限制目录（2018 年版）》对《北京市新增产业的禁止和限制目录（2015 年版）》的内容作了很多调整。对于之前一些限制的行业，如制造业、建筑业、橡胶和塑料制品业、非金属矿物制品业，做出了一些例外规定。对于一些为居民服务的行业也放宽了禁限。例如，对农副食品加工、食品制造业不再禁限；为连锁餐饮、超市、便利店提供主食、副食、调料等配送的中央厨房和食品制造不再禁限；东城区、西城区汽车清洗服务及中心城区五金家具室内装饰材料零售不再禁限。实际上，在疏解过程中对于存量也采取了类似对待增量的禁限措施。2018 年的目录虽然纠正 2015 年的部分措施，但是历经三年时间，政策对产业生态已经造成一定的破坏。从形式上看，《北京市新增产业的禁止和限制目录》是负面清单，但从内容上看，由于其禁限范围过于广泛，只有一些例外才是市场准入的，实际效果类似于正面清单，不利于首都经济的市场化发展。

第二节　北京高端服务业发展的思路

首都功能对于北京高端服务业发展的要求，从根本来说就是降低对有形资源——如土地、能源、空气、水资源、劳动力等——的消耗和占用，提高资源使用效率。北京要实现减量发展，除了大力发展高端服务业之外，高端服务业本身也要沿着"减有形、增无形"的方向发展，即减少对有形资源的占有和使用，增加无形资源的投入，实现更有效率、更高质量的发展。

一 大幅提升高端服务业集聚水平

无论是国际经验，还是北京的实践，都清晰表明高端服务业集聚发展具有显著的规模效益，是提高高端服务业生产效率的根本路径。从北京自身情况看，旧城产业区的集聚水平明显高于新建产业区。作为北京两大传统高端服务业集聚区，金融街2012年就业密度达到108015人/平方千米，朝阳中央商务区（CBD）2009年扩区前就业密度达到46471人/平方千米[①]，远高于中关村丰台园和石景山园，经济效益也更好。在中关村各园区中，丰台园和石景山园的集聚水平明显高于其他园区，经济效益也更加显著。从世界范围比较来看，北京的聚集密度并不算高（见表5-2），聚集区面积也不够大。北京中心城区高密度聚集区面积仅14平方千米左右[②]，不但小于伦敦、纽约、巴黎、东京等世界主要城市（见表4-10），也低于香港的15.3平方千米和首尔的21.3平方千米。北京城区人口规模远高于这些城市，集聚发展还有很大空间。如果能大幅提升高端服务业集聚水平，北京就能在压缩产业用地

---

① 数据来源于《北京区域统计年鉴2010》和《北京区域统计年鉴2013》。CBD选择的是2009年东扩之前的数据，因为在这个时间CBD全部是建成区。金融街之所以选择2012年数据，是因为2012年后统计口径发生变化，不再有金融街和CBD的就业统计数据。金融街和CBD的面积都包含一部分居民区，不是纯粹的产业用地，因此反映的是城乡建设用地就业密度。按照这个密度，金融街和CBD高于丰台园和石景山园。

② 包括金融街（2.59平方千米）、CBD（4平方千米）、中关村西区和东区（1.33平方千米）、中关村国家自主创新示范区东城园（2.88平方千米）、丰台园（1.916平方千米）、石景山园（1.334平方千米）。

规模的同时,大幅提升高端服务业效率,实现减量发展的目标。

表5-2　　　　　世界就业密度排名前20位的CBD

城市化地区	商业区	CBD就业总量(人)	面积(平方千米)	就业密度(人/平方千米)	年份
纽约	Midtown Core	739452	3.1	237735	1990
香港	Core CBD	193520	1.0	186651	1990
纽约	Downtown Core	340028	2.1	163980	1990
芝加哥	CBD Core (Loop)	385399	2.6	148688	1990
巴黎	La Defence	140000	1.6	90021	2000
纽约	South of 59 St.	1967000	23.1	85267	1990
香港	Victora-Kowloon	1107593	14.3	77693	1990
多伦多	CBD	143650	1.8	79172	1990
旧金山	CBD	291036	3.9	74855	1990
华盛顿	CBD	316723	4.7	67885	1990
首尔	CBD	1226830	21.3	57721	1990
东京	CBD Core	2434163	42.2	57614	2001
西雅图	Seattle CBD Core	98620	1.7	56367	1990
墨尔本	CBD	126286	2.3	54135	1990
布里斯班	CBD	61844	1.3	47719	1990
渥太华	CBD	82307	1.8	45363.2	1990
洛杉矶	L. A. CBD Core	167297	3.7	44821.9	1990
悉尼	CBD	175620	4.1	42346.6	1990
伦敦	CBD	1260500	29.8	42287.3	1990
苏黎世	CBD	63410	1.6	40772.9	1990

资料来源:根据 www.demographia.com/db-intlcbddensa.htm 数据整理。

二　以无形资产对外扩张实现首都经济可持续发展

北京之所以要疏解非首都功能,是因为非首都功能与首都功能争抢有限的空间资源。集聚发展虽然一定程度上能够缓解二者之间的矛盾，但还是无法从根本上解决问题。长期来看，北京更可持续的发展路径是减少对本地有形资源的依赖，利用无形资产对外扩张，通过资本、技术、管理、品牌等无形资产的输出，在不增加有形资源占用的情况下实现自身的发展。发达国家和地区走过的都是这样一条发展道路。目前，北京的一些发展就属于此种类型。如北京与迁出企业落户地政府税收分成，中关村国家自主创新示范区在外地建立政策园区（天津滨海中关村科技园、河北保定中关村创新中心）等。总部经济也属于此类。根据《北京新总规》，北京虽然限制国企总部的进一步增加，但仍然鼓励与北京发展和首都战略定位相匹配的总部经济，支持创新型总部企业发展，因而北京总部经济还有发展空间。

这种以无形资产对外扩张的发展模式也符合中央对北京的定位。习近平总书记多次要求北京打破"一亩三分地"思维，跳出北京看北京。北京一方面要对标国际标准，建设国际一流和谐宜居之都，另一方面要放眼周边地区和全国，占据战略高地，辐射周边地区和全国，错位发展，把自身发展融入周边地区和全国发展，以周边地区和全国的发展来实现自身发展。随着非首都功能疏解的不断推进，高端服务业的对外投资已经大大超过本地投资，向外扩张已经成为市场的自然选择。北京需要进一步明确政策，在吸引有无形资产优势的企业入驻的同时，鼓励本地企业向外扩张，打造北京在全国产业链中的高端地位。

三 政策关注点要从"有"转到"无"上

改革开放以来，我国产业政策的关注点一直放在"有"上，如明确限制那些产业发展，支持那些产业发展。政策措施也以"抓"为主，集中在那些"看得见、摸得着"的有形方式上，如土地政策、财税政策、资金政策等。北京虽然是我国经济最为发达的地区，但也大体上沿用了这个政策模式。这些"有形"的产业政策在历史上发挥过重要作用，但在北京人均生产总值已经达到2万美元的今天，这类产业政策虽然还有一定效果，但已经不足以支撑北京经济未来的发展。从发达国家发展过程来看，经济发展到高级阶段，软环境对于经济增长比硬环境更重要。我国一直强调转变增长方式的重要性。党的十八大以来，中央淡化GDP考核，提出新发展理念，大力推进经济发展方式转变，党的十九大更是明确提出我国经济已经从高速发展阶段转向高质量发展阶段。

进入新时代，我国社会主要矛盾已经发生变化。对于北京而言，满足人们日益增长的美好生活需要不仅是社会发展的目标，更是经济发展的动力，也符合建设国际一流和谐宜居之都的城市发展战略定位。从纽约、伦敦、东京、巴黎等国际大都市的发展经验来看，高端服务业是与北京发展成为国际大都市相匹配的产业，但是推动首都高端服务业发展，不能直接从高端服务业上发力，而是要从高端服务业发展所需的产业生态入手，否则就是缘木求鱼，欲速而不达。发展高端服务业，需要高科技投入，需要高素质的劳动力，需要良好的营商环境，更需要诚信的社会氛围，否则即使高端服务业的"量"上去了，"质"也难以有真正提高，发展起来的很难说是真正的高端服务业。政府需要在一些看似与高端服务业无直接相关的方面下功夫，如加强基础教育，强化法治建设，提升人居环境，保护知识产权，打造公平竞争的市场环境，培育诚信的社会文化等。这些看似与高端服务业无关，但却是保证服务业持续高端化的必要条件。政府部门需要切实转变理念，真正处理好政府与市场的关系，让市场这只"无形的手"充分发挥作用，而政府要在提供优良的公共服务上多下功夫。

第三节 北京高端服务业发展的政策建议

一 从上到下树立"以人为本"的城市发展理念

我国走的是中国特色社会主义道路,坚持党对经济工作的领导,政府在经济发展过程中具有举足轻重的作用。因此,要想发展首都高端服务业,首先就要转变北京市领导干部的发展理念。中央提出的"以人民为中心"的发展理念,落实在首都,就是要为树立以人为本的城市发展理念。无论是从建设国际一流和谐宜居之都目标,还是从高端服务业自身特点来看,北京都应该坚持以人为本的发展理念。习近平总书记2014年视察北京的时候强调"首都规划务必坚持以人为本",2017年再次视察北京的时候,又强调"发挥科技和人才优势,努力打造发展新高地",可见习近平总书记非常重视北京发展中人的重要性。实际上,这也正好切中了北京发展的要害。高端服务业的核心是人才,要想发展高端服务业,就必须营造一个能够吸引人才、留住人才的环境。这一要求正好与北京和谐宜居的城市建设理念相契合。

我国城市传统发展是开发区模式。政府圈定一片区域搞开发,开发区的主要任务就是发展经济,而社会责任和环境责任则被忽视。开发区通过廉价生产要素吸引企业入驻,然后通过企业来吸引就业和人才。在这样一种发展模式下,人才只是经济发展的手段,而不是经济发展的目的。以人为本的发展逻辑正好相反:用优质的城市生活和公共服务吸引人才,用人才吸引企业,然后企业创造价值,造就城市的繁荣。随着收入水平的提高,人们对生活品质的要求也更高,人们选择城市首要标准将不再是事业,而是生活。先选定生活的城市,然后再在城市里选择事业和职业。首都功能中,科技创新中心和文化中心通常被认为与经济发展有关,因而在谈到发展经济的时候,科技创新和文化创意产业经常被作为重点提及。这种发展思路依然带有明显"重业不重人"的功利特征。从以人为本的角度看，政治中心提供了公共安全，国际交往中心带来了国际人文交流，文化中心带来了文化滋养，这些功能虽然不直接创造利润，但是对人才有很大吸引力，从而对高端服务业的发展大有裨益。发展高端服务业，需要政府部门摒弃急功近利的思想，切实转变发展理念，用更广阔的视野和更长远的眼光去看待问题。

长期以来北京市领导干部已经习惯了传统发展模式，观念根深蒂固，且上上下下已经形成体制和文化性障碍。切实转变北京领导干部的发展理念，主要从三方面采取措施：一是加强教育培训，使领导干部转变发展理念，知道怎么干；二是改革选人用人制度，重用那些有能力有意愿践行以人为本发展理念的领导干部，从组织上为政府部门转变发展理念提供保证；三是制定能体现以人为本发展理念的领导干部考核指标体系，充分发挥绩效考核的指挥棒作用，从机制上破除发展理念转变障碍。

二 精心做好规划实施工作

随着《北京新总规》的出台，北京城市发展进入新阶段。北京要严格遵照《北京新总规》的要求，一张蓝图干到底。从《北京新总规》到各项分规划，再到各项行动计划和方案，各项计划必须环环相扣并落实，才能最终把《北京新总规》变成现实。做好规划实施，目前有以下几个方面需要特别注意。

（一）抓紧制定各项子规划

目前北京市正在根据《北京新总规》制定各种子规划，已经出台了一些子规划，还有一些尚在制定中，同时一些工作已经在推进，基本上处于一种边制定规划边行动的状态。虽然由于时间紧迫，这种工作方式有其一定合理性，但不够严谨，也有损于规划严肃性。应该抓紧制定子规划，出台相关政策，把规划实施工作纳入法制化轨道。

（二）制定与《北京新总规》全面对接的产业发展规划，转移经济中心

目前，北京虽然出台了一些地区产业发展计划，但这些规划能否与《北京新总规》有效对接缺乏充分的论证。如《北京市促进金融科技发展规划（2018年—2022年）》中把西城区北展地区、德胜地区、广安地区列为示范区，并把北展地区列为核心区，提出金融科技人才要集聚达到规模效应。但这与核心区作为是全国政治中心、文化中心和国际交往中心核心承载区的定位是否相符？金融科技人才集聚在核心区是否会影响为中央服务？这些问题缺乏充分论证，使北京未来发展面临政策变数。此外，实际工作中经济发展基本还是沿用之前的各区自行发展模式，只是增加了一些约束性指标。虽然没有明确说明，但各区政府还是有GDP要求，这难免又会引发各区政府之间竞争，降低质量要求，影响集聚效应形成，导致减量与发展之间的矛盾。

要处理好产业发展与首都功能的关系，就必须制定一套与《北京新总规》全面对接的产业发展规划，对北京产业发展做出大的调整，重新布局。要根据《北京新总规》要求，改变以前围绕城中心摊大饼的发展模式，重新调整产业用地规划，在中心地区之外确定新的重点发展区域，全市"一盘棋"，打造高端服务业集聚区，并按照地区定位不同，调整各区考核指标。

（三）立足现实，制定切实可行的规划实施方案

规划的生命在于执行。与规划制定相比，北京在规划落地方面做得还不够，规划实施方案的科学性和可行性方面论证不够充分。目前规划实施中的行政手段较多，经济手段较少，对政府财力保障考虑不足。这种方式虽然容易取得立竿见影的效果，但也容易引起反弹，且易引发社会问题。如果对规划实施缺乏经济层面的严格论证（如资金、成本等），那么规划实施的可持续性就会出现问题。在每项规划出台之后，应该制定该规划实施的全过程方案，根据实际情况分阶段有步骤地落实规划。

（四）改变产业园区现有规划方式，打造产城融合的宜居产业园区

要彻底改变当前生产生活相分离的产业园区规划方式。坚持以人为本，按照生产、生活、生态相统一原则和职住合一的要求，对产业用地和生活用地统一规划，打造宜居产业园区。不但要规划产业设施，也要规划居住生活设施，还要规划卫生教育文化娱乐设施。在新建园区，要按照20%的产业用地标准对整块城乡建设用地一并进行规划。在老城区规划产业用地的时候，要充分考虑产业用地周边地区生活设施配套能力。单块产业园区面积不宜过大，以便周边的生活配套设施足够支撑起产业园区的发展。

（五）先立后破，统筹规划"减量"和"发展"

就"减量"与"发展"关系而言，"减量"是手段，发展是目的，通过"减量"缓解人口资源环境突出矛盾，实现高质量发展。虽然长期来看二者并不矛盾，但短期确实存在一些冲突。目前政府工作重点依然是疏解，对发展工作重视不够。采用的是疏解——空置——引入新产业的发展模式，新旧产业更替时间较长，腾退出的资源有一段较长时间的闲置。这不但会影响当期经济发展，由此带来的财政困难会制约疏解工作的推进，也会影响新产业的引进，因为随着旧产业及其从业人员的疏解，一些附属业态如餐饮、购物、文化娱乐等行业也随之萧条，而这些附属业态对于高端服务业同样也是需要的。如果能够在疏解之前先做好规划，把疏解工作和发展统筹起来，考虑好疏解后的资源利用，采用边疏解边引进的方式实现新旧产业滚动更替，不但能缩短新旧产业更替的时间，还能通过示范效应减少疏解的阻力，从而大幅缓解疏解工作对经济发展的负面影响，更好实现新旧产能的转换。

三 以打造高端环境推动服务业高端化发展

高端服务业的核心是高端人才，发展高端服务业的关键就是打造一个适宜高端人才生活和工作的环境。北京作为首都，仅凭其政治中心、文化中心和国际交往中心的地位，就足以吸引大量高端人才。北京要做的工作，就是为这些高端人才搞好服务：一方面打造一个宜居环境，包括各种良好的基础设施、公共服务和人文环境；另一方面打造一个良好的营商环境，为高端人才发挥聪明才智和发展事业创造机会。北京作为首都，政治要求摆在首位，中央也给予北京服务业开放的大好政策。北京要充分利用首都资源和政策，大胆创新机制体制，以打造适宜高端人才工作、创业的高端环境，推动服务业高质量发展。

（一）以政治高标准推动首都特色服务业高质量发展

由于历史原因，我国对服务业市场准入要求比较严格。北京则因其首都政治敏感性，要求更高，发展也更为谨慎。政治要求为北京服务业发展设置了一些前提条件，使北京服务业发展在受到一定限制，但同时也提升了市场品质，促使服务更加规范，服务质量更高。北京要适应这种约束，并充分利用政治优势，积极引领服务业发展，打造具有首都特色的服务业。要紧紧围绕服务中央的政治定位，制定服务业高质量标准，形成首都服务产业化和产业服务首都化的良性循环，推动首都服务业不断优化升级。

（二）加强公共服务业建设，提升城市公共服务品质

公共服务业，如医疗卫生、基础教育、社会工作、交通、水电气等，虽然发展空间有限，盈利水平不高，却是一个城市发展的基础和生活品质的保证，也是对高端人才非常有吸引力的部分。政府要加大资源投入，加快事业单位和公益类企业的改革力度，加快智慧城市建

设，尽快提升公共服务品质，打造一个宜居的城市环境。

（三）以开放促竞争，推动服务业结构优化升级

市场竞争是经济发展的原动力。要充分利用服务业开放的有利政策，加大体制改革力度，放松市场管制，让各种所有制市场主体同场竞技，通过引入高质量市场主体来引领市场发展。通过市场开放，引入多种所有制主体竞争，不但能打破目前北京服务业公有制占主体的市场结构，激发市场活力，提高服务业效率，而且能够有效缓解央企疏解对北京发展造成的负面影响，同时能加快服务业优化升级，并形成服务业优化升级的长效机制。政府主要做好以下四个方面的工作：

一是进一步开放市场。进一步缩小负面清单范围，降低进入门槛。鼓励非公企业进入教育、卫生等公共服务领域，并对其提供的公共服务给予与国有单位同等政策，增强公共服务领域的竞争活力。

二是加快引进优质市场主体，加快产业结构升级。充分利用北京市服务业扩大开放综合试点的城市政策，加快高端服务业的对外开放。通过引入外资市场主体，提升高端服务业层次；通过市场竞争促使高端服务业结构快速升级。

三是加快开放领域混合所有制改革。在开放市场的同时，推进开放行业的混合所有制改革，鼓励国有资本和非公资本合作，组建混合所有制企业，发挥不同所有制的优势，从企业层面加快提升市场主体质量。

四是优化社会信用环境。通过立法规范市场行为，完善市场竞争规则。健全企业信用管理体系，加强对失信行为的惩戒力度，营造诚实守信的市场环境。

（四）打造我国知识产权保护高地

北京作为中关村自主创新示范区所在地和以创新发展为引领的城市，必须把知识产权保护作为其核心竞争力来打造。一方面，要通过制度创新激发科技创新活力；另一方面，要切实保护好知识产权。北

京作为全国经济最发达地区之一，创新发展不但是中央要求，也是自身需要。知识产权保护是实现创新发展的必要制度保障。创新作为五大发展理念之首，是当代中国经济转型的方向。北京作为全国创新高地，要牢牢抓住这个机遇，加强与中央、国务院有关部门合作，把北京打造成知识产权保护模范区。目前，北京已经成立了知识产权法院，知识产权保护走在全国前列，下一步还要继续加强知识产权保护工作：一方面，在北京行政区域内加强知识产权保护，形成尊重知识鼓励创新的社会氛围；另一方面，争取中央、国务院有关部门的支持，在全国范围内打击侵害在京企业知识产权的不法行为，保护在京企业合法权益，使北京成为全国知识产权保护的高地，吸引全国的创新企业和创新人才来京发展。

（五）打造宜居人文环境

宜居的人文环境建设不仅是文化中心建设的需要，也是高端人才生活工作的需要。政府一方面要加强对历史文化设施的保护，增加国际一流的高品质公共文化体育设施建设，鼓励文化创意产业发展，加大对高等院校、科研院所、文化体育艺术团体等机构的支持力度，提高城市文化品位；另一方面要加强社会主义精神文明建设，弘扬社会主义核心价值观，强化公共文明引导，着力提升市民文明素质，完善公共文明行为规范体系，加强公共文明法治建设，鼓励诚实守信和勤劳致富，打造一种尊重知识、尊重人才、鼓励创新的文化氛围，为北京高端服务业发展提供持久的文化动力。

四 支持市属国有企业对外扩张

把北京的无形资源与外地的有形资源结合起来，通过无形资源对外扩张实现发展，是最符合首都功能的发展形式，其中总部经济是这种形式的典型代表。北京发展总部经济有两条路径：一条是引进来，另一条是"走出去"。北京在大力引进外资企业总部和创新型总部企业的同时，也要鼓励市属国有企业"走出去"。目前，北京一些市属国有企业在全国具有很强的竞争力，尤其是一些公共服务类企业。在首都政治高标准要求下，这些公共服务类企业形成了一整套高质量服务模式，但其业务范围主要限制在本地，出于保障首都的需要北京市并不鼓励这些企业对外扩张。当前，我国已经进入高质量发展时代，全国各地对提升公共服务业质量的要求很迫切，同时中央经常在京外举行国际活动，如厦门金砖国家峰会、杭州G20峰会、青岛上合组织峰会，对这些城市的运行保障能力提出了与首都类似的要求，这为北京公共服务类企业对外扩张提供了难得的机遇。

市属国有企业"走出去"有两条途径。一条是企业扩张，通过在京外和境外设立分公司、子公司，或者资本、管理、技术、品牌输出等方式，实现对外扩张；另一条是资本扩张，通过国有资本对在京企业投资，借助在京企业的京外发展，实现市属国有资本的保值增值。市属企业"走出去"与非市属总部企业在京发展的最大不同在于：北京市政府不但能获得税收，还能获得企业发展的利润，从而把北京发展的成果与北京发展的收益最大限度联系起来，破解科技创新"北京开花，外地结果"的困局，实现北京经济的可持续发展。

为了支持市属国有企业走出去，北京需要加快国有企业改革，抓紧成立国有资本投资和运营公司，建立新的国有资本管理体制。对于公益类企业发展的政策限制，还需要进行一些体制创新，以适应公益类企业对外扩张的需要。

附　录
北京市国家服务业综合改革试点情况[*]

一　说明

2010年国家发改委在全国开展国家服务业综合改革试点工作。石景山区和海淀区是北京目前被国家发改委确定为服务业综合改革试点的两个地区。其中，石景山区是作为"十二五"国家服务业综合改革试点，海淀区是作为"十三五"时期国家服务业综合改革试点。石景山区的试点于2016年结束。2016年12月，在全国37个试点地区中，石景山区被国家发展改革委认定为"十二五"国家服务业综合改革示范典型，并向全国推广试点改革经验。海淀区于2017年3月获批成为国家服务业综合改革试点区，目前正处在试点阶段。这两个试点地区产业基础不同，发展条件有很大差异，但试点的重点都是通过改革开放促进高端服务业的发展，构建"高精尖"经济结构。石景山区通过改革开放大力吸引高端要素资源，试点期间金融业、软件和信息技术服务业、科学研究和技术服务业都取得了快速发展，金融、科技、文化加速融合。海淀区以助推具有全球影响力的全国科技创新中心核心区建设为目标，大力发展信息服务、科技服务、金融、文化等高端服

---

[*] 本部分根据调研材料编写。

务业，取得了不错成效。

北京市于2015年被国务院确定为服务业扩大开放综合试点城市，2018年又被国务院确定为深化服务贸易创新发展试点城市。石景山区和海淀区作为北京市服务业综合改革先行区，服务业发展在享受国家服务业改革开放政策的同时，还受到北京市政府的重点支持。市发改委2013年曾专门出台文件《关于加快推进石景山区国家服务业综合改革试点区发展的意见》。这两个地区在试点期间取得了不错的成绩，有很多创新性的做法，也面临一些困难，在北京市比较具有代表性。通过对这两个地区试点情况的考察，不但可以帮助我们了解国家服务业改革开放政策在北京市的具体落实情况，也有助于我们了解北京高端服务业发展实践中存在的问题。结合前面对北京市高端服务业的宏观分析，就能对北京高端服务业的发展有一个比较全面而深入的了解。

二 北京市石景山区国家服务业综合改革试点情况

石景山区以试点为契机，紧密结合国家老工业振兴战略，勇于探索，创新思路，努力培育和壮大新兴服务业态，以产业再造推动区域转型，全面实现由传统"城区老工业基地"向以"现代服务业"为主的绿色生态新区转型发展，服务业发展取得明显突破，有效弥补了首钢搬迁调整所带来的经济缺口。试点工作成绩显著，试点建设成效明显。

（一）试点情况及成效

按照试点要求，石景山区不断深化改革，吸引高端要素资源聚集，服务业发展取得明显突破，使地区经济成功走出低谷，老首钢传统工业区加快转型发展，城市现代化水平和综合服务能力大幅提升，生态环境持续优化，社会民生福祉明显改善，试点区建设成效显著。

1. 经济发展步入新阶段，成为京西重要增长极

试点期间，石景山地区经济快速增长。地区生产总值从302.5亿元增长到444亿元。2017年，地区生产总值突破500亿元，达到535.4亿元，较2010年增长77%。试点期间一般公共预算收入从18.9亿元增长到45.1亿元。2017年，全区一般公共预算收入达到56.4亿元，较试点初增长了2倍。与此同时，区域经济高质量发展。试点期间，万元地区生产总值能耗从2.2吨标煤下降到0.3吨标煤，下降了86.4%。2017年，万元地区生产总值能耗为0.23吨标煤，较2010年下降了90%。试点期间，石景山区常住人口保持缓慢增长，以年均1.1%的常住人口增长，实现了8.0%的地区生产总值增速和19%的一般公共预算收入增速。2017年全区常住人口在2016年首次减少1.8万人的基础上，再减少2.2万人，人口总量基本与2010年持平。可持续发展后劲十足。随着冬奥组委、北京侨梦苑、北京银行保险产业园等高端要素不断注入，石景山发展迎来了新机遇，可持续发展后劲很足，已成为京西转型发展的重要增长极。

2. 服务业转型成效显著，"高精尖"特征显现

试点期间，服务业成为区域经济增长的核心动力。服务业增加值从173.5亿元增长到300.3亿元，年均增速6%—11%，高于地区生产总值增速3.6个百分点。2017年，石景山区服务业增加值379.3亿元，同比增长9.2%，占地区生产总值比重达到70.8%，较2010年提高13.4%，对全区经济增长的贡献率达到76.7%，拉动地区生产总值增长5.5%。产业"高精尖"特征显现。在产业结构优化升级的同时，石景山区围绕提高经济发展质量和效益，大力构建高精尖经济结构，不断积累产业发展的新动能。2017年，金融业实现收入553.4亿元，同比增长24.8%，占第三产业总收入的21.6%；软件和信息技术服务业、科学研究和技术服务业分别实现收入319.1亿元和196亿元，同比增长21.3%和26.1%，分别占第三产业总收入的12.4%和7.6%。同

时，金融、科技、文化加速融合发展，涌现出一批行业领军企业，乐元素、华录百纳荣获"首都文化企业30强"，华录新媒和北京盖娅互娱荣获"首都文化企业30佳"，金融业、软件和信息技术服务业、科技服务业等优势行业引领科技创新、驱动产业转型的带动作用进一步凸显，有效提升了产业发展活力。

3. 老首钢迸发新活力，全力打造城市复兴新地标

试点期间，首钢集团加速由重工业企业向城市综合服务商转型。成功开发"互联网+停车+充电"的智慧停车云平台管理系统——"慧停车云平台"，建成国内首个静态交通研发示范基地，建成国内第一家公交立体示范车库。打造全新资本运营平台，设立总规模200亿元的首钢京冀协同发展产业投资基金，用于支持北京、曹妃甸园区的开发建设。首钢集团旗下的创业公社已经成为国家级孵化器、国家级众创空间，入孵企业超过千家。建立产业运营服务平台，与腾讯、安踏、IDG、星巴克等一大批战略投资商建立合作，与洲际酒店运营公司合作，与美国铁狮门公司正式签约冬奥广场产业项目。国内首个5G智慧园区落地新首钢，未来5G网络将在园区全覆盖。完善智慧应用场景，无人车试运营，探索自动驾驶商业模式，服务于北京冬奥会，打造首钢园自动驾驶服务示范区。2017年，石景山区荣获国务院办公厅"关于老工业基地调整改造真抓实干成效明显城市"表彰。冬奥组委办公地西十筒仓改造完成，成为老旧厂房改造和工业遗存保护利用的范例，得到包括国际奥委会主席巴赫在内的各界人士的充分肯定。海外院士专家北京工作站挂牌，新首钢成为首都国际人才社区首批试点。国家体育产业示范区挂牌，国家体育总局冬训中心速滑、花滑、冰壶训练馆完工，单板滑雪大跳台项目设计方案已报市政府批复，园区市政设施配套项目有序推动，丰沙线入地工程竣工通车，长安街西延线跨河大桥加快建设，北辛安路北段基本完成。

4. 城市建设快速发展，综合服务功能更加完善

试点期间，路水电气热等市政基础设施不断加强和完善。西北热电中心、永定变电站、石莲变电站等重点工程建成并投入使用，石景山水厂开工建设，五里坨污水处理二期升级改造全面启动。轨道交通S1线实现通车，M6线和长安街西延长线有序推进，苹果园交通枢纽实现开工，"两高两快六主"的城市主干道和"五横五纵加半环"的城市交通网络进一步优化。同时，地区生态环境进一步优化提升。通过"煤改电"、西北热电中心建设等工作，压减燃煤五千多万吨，基本建成全市第三个"无煤区"，实现百年重工业区到绿色生态新区的历史性胜利，使全市无煤化面积扩大近一倍。全区清洁能源供热面积达99.3%，城市绿化覆盖率达51.9%，居北京市中心城区首位。

5. 居民收入增长较快，民生福利进一步改善

试点期间居民收入稳定增长。2015年，石景山区居民人均可支配收入56304元，较"十一五"末翻了一番。2017年，居民人均收入66112元，年增长8.4%，连续7年跑赢GDP增速。社会保障体系不断健全。建设完成保障性住房10603套，廉租房应保尽保率达到100%。首钢富余人员分流安置工作圆满完成，城镇登记失业率控制在2.5%以内。获批全国居家和社区养老服务改革试点，在全市率先实现居家养老服务设施基本全覆盖。医疗卫生、文化"一刻钟健康服务圈"实现全覆盖，石景山体育事业稳步推进，取得北京市首个长期护理保险制度试点和第四批国家公共文化服务体系示范区创建资格。

（二）试点区主要做法

1. 规划引领，政策护航，通过重塑定位推动区域经济社会全面转型

一是精准谋划区域战略定位。按照区委区政府确立的"全面深度转型、高端绿色发展"战略，石景山制定了《国民经济和社会发展第十二个五年规划纲要》，明确提出"首都绿色转型示范区"的发展定

位，大力发展金融、科技和文化等主导产业，着力培育新兴业态，实现产业体系由重工业主导型向服务业主导型转变，以低碳、绿色的发展理念推动区域经济社会全面转型。

二是四大政策助推产业高端绿色化发展。京西转型发展政策：北京市出台《关于加快西部地区转型发展的实施意见》（京政发〔2011〕1号），鼓励石景山在内的北京西部地区加快发展高新技术、文化创意等服务业，努力把西部地区建设成为全国加快转变经济发展方式的示范区和首都功能拓展的重要承载区。服务业综合改革试点政策：北京市制定了《关于加快推进石景山区国家服务业综合改革试点区发展意见的通知》（京政发〔2013〕17号），从优先安排试点区固定资产投资建设资金、财政转移支付等方面给予重点支持。保险产业园政策：原中国保监会和北京市政府制定《关于加快推动北京保险产业园创新发展的意见》（保监发〔2014〕20号），支持石景山区探索保险业全面深化改革新途径，支持高起点、高标准、高水平推动保险产业园开发建设。新首钢搬迁调整政策：首钢老工业区是国家首批城区老工业区搬迁改造试点，北京市政府出台了《关于推进首钢老工业区改造调整和建设发展的意见》（京政发〔2014〕28号），从土地开发利用、基础设施建设、培育现代产业体系等方面，支持首钢老工业区改造调整和产业转型升级，有力推动了新首钢开发建设速度。

三是强化资金支持。市政府固定资产投资优先安排试点区建设资金，以资本金注入等方式，连续5年共投入十几亿元支持试点区投融资平台建设。2014年起市政府每年以财政转移支付的形式，下达试点区专项引导资金数十亿元。区财政设立中小企业发展资金、文化创意发展资金共5亿元的专项资金，助力产业加快转型和服务业高端发展。

2. 存量提升，增量优选，加快培育高端服务业为特色的新型主导产业

一是深入实施"招强引优"策略。试点期间，石景山区招商引资

企业数量持续增长，全区招商引资企业累计7806家，其中注册资本金千万以上企业1045家，亿元以上企业138家，光大银行信用卡中心、华夏卡中心、中国保信已经成为全区金融产业的重要支撑。招商引资企业累计实现税收200多亿元，入区总额70多亿元，占全区一般财政收入的比重由2011年的37%提高到2015年的51%。

二是第三产业投资逐年增加。近五年，石景山区累计完成全社会固定资产投资1045亿元，年均增长11.4%，其中，第三产业实现投资936.7亿元，占比89.6%。第三产业投资比重逐年增加，从2013年的68.8%增加至2017年的98.1%，第三产业投资的不断增长为实现高端绿色发展发挥了重大支撑作用。

三是着力培育主导产业。为解决首钢搬迁带来的区域产业空心化问题，石景山区大力构建以金融、科技和文化为主的现代服务业体系。现代金融产业实现跨越式发展，加快金融创新要素集聚，加大对各类金融机构的引进和服务力度，吸引功能性总部及新兴金融机构落户。高新技术产业快速发展，紧抓北京创建全国"科技创新中心"的战略机遇，依托中关村石景山园，不断提升科技创新能力和科技成果转化应用水平。2017年，全区高新技术产业总收入达到1350亿元，成为全区产业转型升级的重要引擎。文化创意产业稳健发展，巩固发展动漫游戏、影视制作、设计服务等优势产业，创新发展新闻出版等传统产业，实现"文化+"业态融合发展，2017年文创企业增加到6000余家，产业收入439亿元，产业增速在全市排名前列。商务服务业增长态势明显，重点推动电子商务服务快速发展，成立商业保理协会，获批北京首个商业保理试点区和国家电子商务示范基地。

3. 优化空间，引育结合，打造"一轴三周"重点产业功能区

一是加快推进长安街西延线综合发展轴建设。注重打造绿色生态特色，高标准建设沿线建筑及景观，不断增强长安街西延线贯通东西的交通功能，串联银河商务区、新首钢高端产业综合服务区等重点功

能区，联动沿线高端产业载体空间协同发展。泰禾长安中心主体结构封顶，郎园 Park 等项目实现开工建设。2017 年长安全轴实现收入 1000 多亿元，占全区的 48.3%，轴线效应显著增强。

二是中关村石景山园成功扩园。新首钢高端产业综合服务区和西长安街沿线及附近产业功能区都纳入中关村国家自主创新示范区，面积扩至 1334 公顷，基本覆盖全区 80% 以上的产业活动区域。2017 年实现总收入和实缴税费总额 2000 多亿元和 80 亿元，分别比 2012 年增长 1.4 倍和 1.8 倍。

三是北京银行保险产业园正式开园。基本建成 54 万平方米的高端载体，保险博物馆、中央公园、会议中心等一批配套设施投入使用，成功举办首届中国银行保险业国际高峰论坛，打造银行保险领域高端国际对话平台，吸引了中国保信、爱心人寿、合众财险、光大永明资产管理公司等 20 家机构落户，产业聚集效应初步显现。

四是新首钢全力打造城市复兴新地标。落实新版北京城市总体规划赋予新首钢地区"传统工业绿色转型升级示范区、京西高端产业创新高地、后工业文化体育创意基地"的定位，紧抓筹办 2022 年北京冬奥会的重大机遇，按照"一轴、两带、五区"的空间结构，聚焦发展"体育+"、数字智能、科技创新服务、高端商务金融、文化创意等产业，实施文化复兴、生态复兴、产业复兴和活力复兴，打造城市复兴新地标，成为带动城市西部高质量发展的新增长极。

五是产业载体空间加速释放。中关村石景山园未开发土地 10.12 平方千米，占到规划面积的 75.9%。全区疏解腾退工业用地累计 900 多万平方米，建筑面积 300 多万平方米。未来规划在建产业空间总面积超过 300 万平方米，为高精尖产业发展提供了充裕空间。

4. 疏解提升，管控结合，营造现代服务业发展的良好环境

一是以疏解非首都功能为抓手，提升产业发展环境。落实京津冀协同发展战略，整治 547 个大杂院，拆除违法建设 390.8 万平方

米，创建 137 个基本无违建社区，建成全市首个"基本无违法建设城区"。疏解"散乱污"企业 994 家，实现再生资源回收市场等低效业态全部腾退。在疏解的同时兼顾提升，着力推进"六个一批"建设，通过实施一批文化振兴项目、一批停车设施、一批便民服务设施、一批公共绿地、一批棚改及土地开发项目、一批基础设施，优化产业发展环境。

二是以正负面清单严控新增企业，引导增量向高端发展。率先制定《石景山区鼓励类服务业指导目录》和《石景山区新增产业的禁止和限制目录》，明确产业发展标准和鼓励发展的产业领域，严控不符合发展定位的产业新增扩容。

三是以绿建三星为着力点，推广绿色城市建设理念。在全市率先推行国家绿色建筑标准，19 个项目取得绿色三星、二星设计标识，建筑面积超过 200 万平方米。京西商务中心、北京银行保险产业园等一批精品力作，成为展现城市魅力的新地标。

5. 深化改革，探索创新，推进多项加快服务业发展的改革举措

紧密结合关键资源要素，重点从资金、土地、财税、人才、投融资等制约服务业发展的关键要素入手，探索服务业重点改革。

一是设立股权投资基金。通过市区联动、政企合作，联合发起设立"北京服务—新首钢"股权投资基金，首期规模 10 亿元，按照"80% 投到京西四区、70% 投到服务业"的硬性投资指向，助力京西地区产业结构调整升级。设立石景山区首支现代创新产业发展基金，基金注册资本 10 亿元，以推动区域产业升级为目标，重点投向现代金融、高新技术、文化创意等产业。

二是探索和推动投资体制改革。成立了北京银行保险产业园投资控股有限责任公司等 2 家区属国有企业，并为北京京石科园置业发展有限公司注资，参与北京银行保险产业园和保障性住房、市政基础设施等重点功能区和重点领域建设，取得明显成效。

三是积极探索土地利用新模式。在首钢老工业区改造调整和建设方面，利用原有工业用地发展符合规划的服务业，采取协议出让方式供地；对于规划用途为 F 类的多功能用地，采取灵活供地方式。在银行保险产业园建设方面，由区属国企从市场上获取土地并开发建设、自持运营，既有效控制土地价格、加快开发进程、落实高端规划，又确保对引进产业的全面把控，牢牢把握住发展主动权。在集体土地转型利用方面，古城创业大厦是北京第一个集体经济组织土地定向出让项目，为集体土地盘活利用积累了经验。

四是探索服务业统计体系创新。联合工商、税务等相关部门，整合企业、产业、空间和人才等数据信息，建设"一库三平台"现代服务业统计监测体系，定期形成主导产业和专题类的数据报表、分析图表和成果报告，连续 4 年编制《经济发展数据手册》，全面反映试点区经济发展成果。

（三）试点区主要经验

试点区建设取得的成绩，得益于国家发展改革委的有力指导，得益于市委市政府的高度重视和鼎力支持，得益于区委区政府的大胆开拓和团结协作。总结起来，主要有以下几个方面的经验体会。

1. 坚持高位统筹，强化顶层设计

在市级层面，2013 年市政府成立了由市领导任组长的新首钢高端产业综合服务区发展建设领导小组，并组建了领导小组办公室，设在市发展改革委，各成员单位协调联动、合力推进新首钢发展建设工作。在区级层面，制定出台了《关于加快推进石景山区国家服务业综合改革试点区发展三年行动计划（2013—2015 年）》，成立试点区领导小组，区委书记、区长任组长，成员单位共 39 家，领导小组下设办公室，负责推进服务业发展和试点区建设的统筹协调工作。石景山区与首钢集团建立定期高层对接机制，借助区企高层平台共同推动解决新首钢园区建设中的问题，多次召开高层对接会，解决双方关注的 50 多项重大问题，推动园区快速发展。

2. 紧抓重大机遇，推动区域转型发展

紧抓首钢搬迁机遇，推动产业结构调整和城市更新。首钢搬迁调整是石景山区服务业发展的最重要的机遇，石景山主动把新首钢转型与振兴老工业基地国家战略精准对接，向国家争取了老工业区搬迁改造和服务业综合改革两大试点，从国家和北京市争取了大量资金、土地和政策支持。紧抓冬奥筹办机遇，推动重大项目落地。随着冬奥组委入驻首钢，为提升服务保障能力，首钢和周边区域重大项目加速落地实施，2021年首钢北区将基本完成建设，区域城市品质将进一步大幅改善。紧抓总规实施机遇，推动区域高质量发展。按照新版北京城市总规赋予石景山区的功能定位，大力疏解不符合城市战略定位的产业，重点突出科技创新中心和文化中心功能，优化提升现代服务业。

3. 结合资源禀赋，实现主导产业重构

首钢涉钢部分全部停产后，石景山区面临产业空心化。在弥补首钢搬迁留下的产业发展空缺过程中，石景山区充分利用区域资源禀赋，大力发展现代服务业。例如，充分发挥处于西长安街延长线的区位优势，承接金融街金融企业外溢，大力发展现代金融产业，成功引进光大银行信用卡中心、华夏银行信用卡中心、中国保信等高端金融机构入驻。在国家大力发展文化产业的背景下，培育引导搜狐畅游等文化创意企业做大做强。依托首钢工业遗址、西山八大处、模式口、法海寺等历史文化资源，培育工业旅游、数字娱乐等新兴服务业。2017年，石景山区第二、第三产业结构比由2005年的7∶3变为3∶7；全面完成了由工业到服务业的转型，产业结构实现重构升级。

4. 深化改革创新，着力优化营商环境

制定出台优化营商环境三年行动计划。明确夯实四个基础、打造四大营商环境、做好四项保障，推出50条具体任务举措，着力打造国际一流营商环境，精准服务企业。自2010年开始，区领导坚持联系走访企业，形成了"百人对百家""一对一"精准服务企业工作机制，即由20多位区级领导和近百位处级领导精准对接服务企业，通过入户走访等形式，帮助企业解决发展中遇到的政策、资金和服务等问题，为企业提供量身定制的"服务包"。推动重点领域改革。深化商事登记制度改革，在全市率先试点"多证合一、一照一码"登记制度改革，颁发全市首张"多证合一、一照一码"营业执照。推进"证照分离"改革试点，发出北京市首张"证照分离"的营业执照和经营许可证。设立石景山区企业开办大厅，推出"一站式"服务，受到国务院督查组好评。推行社保业务"综合柜员制"，实现对外业务"一窗受理、一站服务"。

（四）存在的主要问题

一是经济总量规模偏小，财政实力较弱。2017年石景山地区生产总值占全市1.9%，服务业增加值占1.7%，规上服务业收入和利润分别占全市的2.2%、1.8%，一般公共预算收入仅占全市的1.0%，在全市十六区中排名第11位。

二是缺乏有影响力的龙头企业。石景山区缺乏具有行业引领带动力的大型龙头企业，目前世界500强企业只有首钢一家。有发展潜力的行业领军型企业尚处于企业发展初期，市场规模小，面对市场的激烈竞争，发展具有不确定性，对全区产业带动作用不强，无法形成集聚效应。

三是创新能力不强，配套服务有待提升。创新基础资源不足，区内科研院所占全市3.9%，高等院校占全市3%，市级重点实验室仅占全市6%，有研发投入的企业仅占全区企业总量的16.5%。另外，历史上石景山区是典型的工业区，生活、交通、工作、休闲等方面配套服务水平不高，与高精尖发展需求还存在一定差距。

三 北京市海淀区国家服务业综合改革试点情况

2017年3月，北京市海淀区获批成为全国37个"十三五"时期国家服务业综合改革试点区之一。在国家发展改革委的指导和北京市政府的积极推动下，海淀区以开展服务业综合改革试点为契机，聚焦中关村科学城建设，以"挖掘新动力、构建新形态"为总抓手，积极推动服务业供给侧结构性改革，探索机制创新和政策突破，加快培育科技创新原动力，提升高精尖产业引领优势。经过两年多的努力，取得显著成效。

（一）试点情况及成效

1. 服务业发展态势良好，质量效益持续提高

试点以来，海淀区服务业发展规模不断扩大，实现增加值由2016年的4792.3亿元增加到2018年5822.3亿元，年均增长8.1%，占全市服务业增加值的比重由23.3%提高到23.7%；2018年全区服务业增加值占GDP的比重为91.0%，比2016年提高了2.2个百分点，对经济增长的贡献率为111.7%，提高了12.3个百分点。同时，海淀区服务业的劳动生产率、人均收入等指标，均呈稳步提升的态势，其中劳动生产率由2016年的30.45万元/人增加到2017年32.47万元/人；规上服务业企业的人均收入由2016年的150.6万元/人增加到2018年的169.4万元/人。信息服务、科技服务、金融、文化等高端服务业发展良好。2016—2018年信息传输、软件和信息技术服务业增加值由1549.2亿元增加到2124.7亿元，年均增速17.1%；科技服务业增加值由873.4亿元增加到1050.2亿元，年均增速9.7%；金融业增加值则由513.0亿元增加到611.3亿元，年均增速9.2%。2018年全区文化产业总收入突破4000亿元，同比增长20%，占全市的40%。海淀园服务业也保持稳中有进发展，2018年园区企业总收入超过2.3万亿元,同比增长10%以上,信息服务、科研服务占全区经济总量超过40%,对经济增长贡献率超过70%。

2. 新业态新动能加快培育,服务业发展动力持续增强

试点以来,海淀区在"互联网+"、平台经济、分享经济等方面,催生了一批新业态新模式,成为构建"高精尖"经济结构的新动力。据测算,全区新经济中互联网零售、数字内容服务、非金融机构支付服务、知识产权服务、专业化设计服务等重点领域,年均增速均超过30%。伴随着网络融合升级,海淀区的网络传媒、数字出版、动漫游戏、数字影视、创意设计和文化装备等6类"文化+科技"业态在全国具有领先优势。传统产业互联化转型加速,产生了智能家居、车联网、在线教育等新业态,如以滴滴出行为代表的"互联网+交通"、以春雨医生为代表的"互联网+医疗"等新业态,引领着全国新兴产业发展潮流。此外,新零售、分享经济等新模式不断催生新兴消费,全区2018年市场总消费6947.7亿元,同比增长10.8%,总量和贡献率居各区首位,其中,服务性消费4607.6亿元,增速16.4%,总量约占全市1/3。

3. 创新创业活力不断提升,具有影响力的企业不断涌现

海淀区创新创业生态持续升级,企业创新日益活跃。全区有国家级高新技术企业10153家,提前完成试点任务;新设科技型企业1.9万户,占新设企业总量的60%,科技型企业累计17.9万户,占全市科技型企业的27.1%。普华永道思略特"2017年全球创新1000强上市企业"中,海淀有16家上市企业入选,研发支出合计92.3亿美元。同时,众创、众包、众扶、众筹等创新创业新模式不断发展,中关村大街被授予北京市"众创空间集聚区"称号,已聚集近2200个投资机构,孵化创业团队累计近1800家,创新创业活力不断提升。

随着软硬环境的升级,海淀区成长起一批在国内外具有影响力的服务业主体。创新型总部、研发型总部加快发展,全区共有总部企业

1141家，占全市的28.8%。根据毕马威发布的"2017年全球金融科技100强"中，海淀有2家企业入选，占全市的66.7%，占全国的22.2%。百度、爱奇艺、今日头条等一批行业领军企业技术创新不断突破，收入10亿元以上的228家高新技术企业实现收入15430.7亿元，占高新技术企业总收入的近80%。此外，海淀区加快推进潜力企业发展，全区"独角兽"企业达31家，估值约1200亿美元，数量约占北京市一半，占全国1/5强。

4. 机制创新取得重大突破，率先形成全面创新改革新格局

按照试点任务部署，海淀区在商事制度改革、市场准入监管、知识产权保护、新经济领域开放等方面，形成一批改革创新举措。比如，率先制定《海淀工商分局优化营商环境建设服务品牌工作措施》，在全市乃至全国推进集群注册、结果登记制、企业服务"专员负责制"等13项改革举措；率先开展新业态市场准入及监管改革试点，鼓励外资进入软件及信息服务、集成电路设计等新兴产业，在安全生产、医药卫生等多领域建立市场主体信用分类监管制度，实现与"双随机、一公开"监管联动；探索金融工具和体制机制创新，依托北京知识产权运营管理有限公司拓展国内首个纯知识产权质押贷款创新产品——"智融宝"业务，实现放款总额1亿多元；深入推进公共服务类建设项目投资审批改革试点，苏州街站一体化棚户区改造项目、魏公村小区棚户区改造项目、西二旗西路项目等一批项目纳入"一会三函"审批模式。

5. 国际高端要素加快集聚，高层次国际竞争能力不断增强

近年来，海淀区加快推动国际人才、跨国公司地区总部、外资研发中心等国际高端要素集聚。一是多渠道引进培育高端人才，全区累计入选"千人计划"1147人、"海聚工程"349人、"高聚工程"248人，位列全市第一。二是全区共有跨国公司地区总部14家，外资研发机构358家，包括甲骨文、富士通等，外资研发机构数全市第一。三

是逐步成长起一批具有全球影响力的科技创新品牌，如百度等 5 家海淀企业入选 Brand Finance 发布的 2018 年《全球最具有价值科技品牌 100 强》榜单，高于深圳（4 家）和上海（1 家）。

随着海淀国际化环境的优化，一批企业凭借其技术创新、品牌价值等优势走出国门，加快与全球创新联动，国际创新资源配置能力不断提高。2017 年海淀园企业在境外设立分支机构 352 家，较 2013 年增加 44 家，如紫光集团与英特尔将联手研发高端 5G 手机芯片；掌趣科技收购全球领先的十指追踪公司 LeapMotion. Inc，在 VR 及未来的 AR 交互技术上抢占先机等。

（二）主要做法

1. 以顶层设计健全改革试点工作机制

一是成立国家服务业综合改革试点领导小组。建立由区委书记、区长任组长，常务副区长为副组长，区发展改革委、海淀园管委会（区科委）、区金融办、区商务委、区财政局等相关单位共同参与的"海淀区服务业综合改革试点工作推进领导小组"，负责指导、监督全区服务业综合改革试点中的资源调配、事项决策、组织推进等工作。出台了《海淀区开展国家服务业综合改革试点实施方案》，将试点工作细化为 102 条具体任务，并分解到各责任部门推进实施。同时，建立服务业综合改革试点督查机制，将试点任务列入区政府督查内容，按照自我评估与第三方评估相结合的方式，对重点工作推进情况进行考核评估。

二是完善国家服务业综合改革试点配套政策。在落实国家和北京市服务业发展已有政策的基础上，制定了"创新发展 16 条"、《海淀区创建北京市服务业扩大开放综合试点示范区实施方案》、《海淀区构建高精尖经济结构产业空间资源管理办法（试行）》、《海淀区知识产权运营服务体系建设实施方案（2018—2020）》、《海淀区企业知识产权管理规范贯标工作实施方案》、《海淀区提高城市生活性服务业品质实施方案》等一系列配套政策。聚焦科技金融、智慧医疗、民生服务等新业态发展，出台了《海淀区独角兽企业服务工作方案》《关于促进国家科技金融创新中心建设发展的若干意见》《海淀区居家养老服务标准》等专项政策。

三是强化市区联动的协调工作机制。北京市出台了《关于推进国家服务业综合改革试点工作的若干意见》，围绕推动国家科技金融创新中心建设、提高中关村创新创业生态环境、推动跨境服务贸易发展等，制定了《北京市进一步推进跨境电子商务发展的实施意见》《北京市服务贸易竞争力提升工程实施方案》等相关政策，为海淀区落实改革试点提供了政策支持。同时，海淀区积极加强与市科委、中关村管委会等部门联动，在新型研发平台组建、专业园区建设、政策协同等方面形成良性互动，如共建北京智源人工智能研究院、全球健康研发中心等新型研发平台。

四是对服务业发展给予资金支持。国家层面，2017—2018年"互联网+"二手车交易公共服务平台、中关村智造大街—北斗七星专业服务平台、基于大数据的软件代码诊断公共服务平台、人工智能产业全球众包公共服务平台4个项目获得国家服务业发展引导资金专项支持；知识产权运营服务体系建设方面，海淀区获批国家知识产权局、国家财政部资金支持。市级层面，2018年海淀区创新创业服务平台建设获得市级专项补助资金支持，海淀园获得中关村现代服务业扶持资金支持。区级层面，着力加强企业主体培育、完善创新创业服务等方面的资金支持，如2018年安排企业发展专项资金，并拨付经济服务部门创新全链条服务体系资金。

2. 以改革创新完善服务业支撑体系

一是探索放宽"新经济"市场准入机制。鼓励外资进入软件及信息服务、集成电路设计等新兴产业，设立境外股权投资基金支持重点行业领军企业的境内外并购。在海淀北部地区打造中关村自动驾驶创新示范区，在海淀驾校落地国内首个自动驾驶封闭测试场，支持百度、小马智行、滴滴等一批自动驾驶企业获得测试牌照。把握 5G 全面商用化机遇，前瞻布局 5G 基础设施和产业链，支持联通与百度合作在稻香湖搭建 5G 通信试点项目，支持千方科技与百度合作，在稻香湖路段建设 V2X 车联网环境。积极争取中关村互联网企业开展信息服务备案管理制度。

二是构建以信用为核心的市场监管机制。加快以企业综合服务信息化平台为核心的"信用海淀"建设，在线提供信用信息"一站式"查询、行政许可和行政处罚信息公示、信用承诺、信用申诉、信用地图、联合奖惩等功能，已汇集企业数据 70 多万条。2018 年，"信用海淀"网站和信用信息共享交换平台获得全国各级信用信息共享平台和信用门户网站建设"特色性平台网站"奖。在安全生产、医药卫生等多领域开展市场主体信用分类监管，实行"红黑名单"管理与分级分类监管制度，并建立信用记录。

三是优化创新政务服务管理机制。深化商事制度改革，率先在全市实现企业登记全程电子化，形成"互联网＋工商登记"模式并向全国推广。推进"一网一窗一次"，率先在全市实现市、区政务服务"一张网"，1636 个区级事项实现 100% 进驻各级政务服务大厅，率先实现线下"一窗受理"、区属政务服务 100%"最多跑一次"。以"定清单＋攻环节＝通全链"集成服务理念，融入审批事项办理。推广"创业会客厅"模式，深化园区政务服务站工作，将个性化、精准化的服务延伸到创业者身边，提升企业获得感。

四是创新服务人才引进和培育机制。加快中关村人才管理改革试验区建设，在全市率先开展人才引进档案后置审核试点，开设引才"绿色通道"，对"海聚工程""高创计划""高聚工程"入选人和国家重大科技奖项主要获奖人，承诺 5 个工作日办结。2018 年办理人才引进 245 人，约是 2017 年办理总量的 2.4 倍。修订《海淀区促进高层次人才创新创业发展支持办法》，创新"海英"人才选拔方式，试点举荐制，发现、选拔和培养一批"创新合伙人"。推动国家级人力资源服务产业园区（海淀园）建设，重点培育"互联网＋"人力资源服务新业态。联合海淀园管委会（区科委）、区委宣传部等单位，举办五次大型人才引进政策宣讲会，近千家企业参加培训。

五是强化知识产权保护和应用。深化国家知识产权示范城区建设，北京知识产权保护中心、中关村知识产权保护中心2个国家级平台落地海淀。开启专利快速审查"绿色通道"，极大缩短专利授权周期。实施中小微企业知识产权托管工程，为10家知识产权托管服务示范基地授牌，与北京市知识产权局联合设立了20个专利运营办公室。制定《海淀区企业知识产权管理规范贯标工作实施方案》。全区专利试点企业1215家、专利示范企业103家，居全市各区第一。

六是持续推进新型城市形态建设。编制北部地区第二个五年开发建设计划，以"城"的标准高水平建设科学城北区。探索"一镇一园"集体建设用地创新模式，稳步推进苏家坨协同创新园、温泉创客小镇二期等项目建设。加快支撑创新的城市形态建设，补齐城市基础设施"短板"，建设社区保障设施和生活设施。贯彻落实北京市"弹性用地"相关精神，研究制定《海淀区构建高精尖经济结构产业空间资源管理实施意见》及《海淀区高精尖产业空间资源管理实施细则》《海淀区高精尖产业空间15%配套设施管理实施细则》《海淀区集体产业空间资源租赁管理实施细则》，形成高精尖产业用地全生命周期管理的"1＋3"政策体系。

七是深度融合推动科技金融创新。深入推动国家科技金融创新中心建设，构建涵盖创新链、产业链、价值链和企业全生命周期的"1＋2"科技金融服务政策体系。设立车联网产业发展基金、北航长鹰基金，拟联合设立海淀金融科技成长基金，支持"小米北京产业基金"。拓展"银税互动"范围，积极开展"创客贷"、"创业通"、"加速通"、认股权贷款等科技信贷产品。支持金融科技，申请金融牌照，鼓励持牌金融机构设立金融科技企业，聚集一批金融科技实体。

八是完善服务业统计与监测机制。围绕新产业、新业态和新商业模式，加强"三新"等新经济领域的统计监测工作。拓展监测维度和深度，开展规上重点服务业企业景气分析监测，分季度撰写生产经营景气状况调查报告。加强规上单位和小微企业的新业态调查，掌握新型业态潜在动力。定期监测重点电商平台及网上零售情况，开展互联网消费统计制度研究，以季度为周期开展总消费、服务性消费监测。

3. 以示范工程推进服务业高质量发展

一是产业疏解提升工程。积极开展疏解整治促提升专项行动，2018年率先完成年度任务，在20个市级量化考核指标中，有14项任务名列城六区前三。严格执行新增产业禁限目录，实现不符合首都功能定位的产业"零准入"。调整退出一般制造业企业10家，整治提升市场15家，"散乱污"企业实现"动态摸排、动态清零"。加快腾笼换鸟、筑巢引凤步伐，推进中关村大街改造升级，中发第一分市场、广安中海电子市场等完成腾退，天作大厦转型为金融科技创新港。

二是"双创"助力示范工程。深入开展科技体制与协同发展专项改革，推动以市场化机制为导向，贯穿基础研究、应用技术研究和产业化全链条的新型研发平台建设，建成北航先进技术产业研究院、协同创新研究院等一批技术转移机构。目前，协同创新研究院累计立项151项、转化110项，技术转移成立高科技企业46家。设立北京市自然科学基金—海淀原始创新联合基金，解决成果转化难点痛点。2018年联合基金规模增至3120万元，涵盖无线通信、计算机视觉等6个领域。积极协助中航科工、百度等企业申报双创示范基地。支持创业服务机构在美、德等布局海外孵化器，对企业设立海外研发基地、海外并购中发生的中介费用，按照50%给予补贴。

三是"互联网+"创新引领工程。积极推进外贸综合服务企业试点工作，引导传统企业拓展电子商务渠道，到2018年年底已有外贸综合服务企业2家。探索智慧城市建设，与百度合力推进"城市大脑"，打造科技城市、科技政府、科技公民。组织大数据、人工智能、智慧医疗等领域的企业与医院开展合作和新技术应用，实现26家区属社区卫生服务中心的电子病历、影像等与海淀医院互通共享，社区卫生服务机构药品供应主体平台建设荣获"2018年度中国网信事业（智慧健康医疗）创新驱动示范项目"。探索互联网金融政策先行先试，支持优质互联网金融企业做大做强，促进网络交易身份识别、大数据风控、移动支付等行业有序发展。

四是产业跨界融合工程。通过重大科技成果产业化等项目，鼓励企业进一步开展人工智能、颠覆性新材料等前沿技术研发。加强政策支持，持续推进智能制造创新中心建设，出台海淀区智能制造绿色发展专项，对14个项目给予2000多万元的资金支持。支持智能制造创新引擎研究院落户，实施"12511工作计划"。深入推进"文化+"战略，利用众创、众包、众筹等新模式，改造提升演艺、工艺美术等传统产业，加快发展数字娱乐、在线视听等新业态。

五是生产性服务业高端化工程。大力发展信息服务业，支持大数据产业协同创新平台建设，支持博雅盛景大数据基金完成二期出资，支持北京国盾量子信息技术有限公司落户。做优做强科技服务业，开展中关村现代服务业扶持专项资金申报、评审工作，2018年6月获批成为国家知识产权运营服务体系建设重点城市，促成中国汽车产业知识产权投资运营中心（北京）有限公司落户。创新发展金融业，启动设立"龙门基金"促进企业上市挂牌，稳妥开展互联网金融风险专项整治工作，建立143家网贷机构基本信息库与工作台账，成立"网贷调解中心"。

六是都市型现代生活服务业品质提升工程。引导商业企业创新发展，大力整合末端物流资源，推动共同配送、智能收发系统、配送机器人等科技手段，加大对科技产品运用先行先试的支持，在中关村西区、上地软件园、东升科技园等地试点京东无人配送。深入开展"阳光餐饮"工程，阳光餐饮手机 APP 上线餐饮单位 3688 户，15 条"阳光餐饮示范街"通过验收。制定《海淀区旅游公共服务设施规划》，成立海淀文化旅游投资集团，通过跨年倒计时迎新年敲钟祈福等活动，将旅游与文化、体育等业态融合。持续推动医养结合试点工作，制定《海淀区养老机构服务标准》和《海淀区居家养老服务标准》。

（三）典型经验

1. 推进重点服务领域扩大开放先行先试

结合北京市服务业扩大开放综合试点方案，出台了《海淀区创建北京市服务业扩大开放综合试点示范区实施方案》，推动金融、文化、信息服务、科技服务、商务服务等重点领域开放措施落地。金融领域，中关村银行（金融创新）、易智付（跨境外汇支付）、京东金融（跨境人民币支付）等项目被评为全市示范；文化领域，对永旺幻想（中国）儿童游乐有限公司北京海淀农大南路店申请在北京市特定区域内投资设立独资游艺娱乐场所作出批准设立的行政许可；信息领域，全面放开在线数据处理与交易处理业务（经营类电子商务）外资股比限制。

海淀区在开展外债试点、外籍人才出入境管理改革、境外投资便利化规范化、货物通关便利化等方面，探索了一系列先行先试的政策措施。制定了公安部支持北京创新发展的 20 条出入境政策的实施细则，对"高精尖缺"外国高端人才办理最长期限的工作许可，提供非核心要件容缺受理及承诺制服务。调整优化促进企业国际化的政策措施，推动企业开展国际合作研发、跨境并购，2018 年支持 11 项国际化项目。以筹办第 25 届比利时布鲁塞尔国际葡萄酒大奖赛为契机，开展国际赛会（展会）进口物品通关便利化试点。

2. "互联网+"创新引领服务业新业态新模式

海淀区依托中关村国家自主创新示范区核心区优势，积极推动基于"互联网+"的分享经济、平台经济等新业态、新模式发展。一是分享经济正从交通出行、住宿等领域向个人消费的多领域拓展。例如，交通出行领域，成长起一批以滴滴出行、摩拜单车等为代表的"独角兽"企业，滴滴出行已从出租车打车软件发展成多业务的"一站式"移动出行平台，乘客注册量超过2.5亿；生活服务领域，如丁丁停车通过移动终端实现了车位锁手机遥控升降、闲时车位即时搜索、出租和租用，将闲置车位共享；等等。二是平台经济快速发展，涌现出一批交易平台型企业（如百度、国美在线、58同城等）、创新平台型企业（如联想、方正等）、集成平台型企业（如小米、新浪微博、今日头条等）和投资平台型企业（如中关村银行、融360等），涉及信息服务、生活服务、企业服务、文化娱乐等多个领域。三是探索人工智能在健康管理和医疗服务中的应用，拓展"互联网+医疗"，开展远程问诊、药品配送和线上健康照护等服务，探索建设互联网医院。

3. 科技、金融、文化等多领域跨界融合创新

海淀区积极推进科技、金融、文化等多领域跨境融合创新，形成科技金融、"互联网+"、VR、跨境电商等服务新业态。一是激发金融创新活力，推动金融与云计算、大数据、区块链等信息技术融合创新，催生了跨境金融、科技金融、普惠金融等新业态，助力实体经济高质量发展。二是支持文化与科技、旅游等融合发展，产生了数字电视网络图书馆、Taagoo VR一体机、颐和园动景展播数字设备、海淀图书馆动景VR虚拟设备、高沉浸VR装备等前沿数字创意科技，全球首个AI科技主题公园在海淀公园正式亮相。三是推动基于互联网、大数据、人工智能等新技术的服务业创新创业，诞生了智慧健康医疗、新零售、无人配送等新业态。四是加快制造与服务深度融合，推动数码大方智能制造及协同制造云平台、神州软件航天智能制造支撑平台建

设，打造制造业创新公共服务平台。

  4. 推进服务业组织方式创新，加快主体培育

  一是完善前沿产业组织培育机制。共建中科海淀科技创新综合体，引导中科院科技成果对接海淀区特色产业需求加速转移转化。据不完全统计，2018年推动计算所超微计算机芯片项目等十余个项目落地转化。联合北航长鹰资本共建智友天使学院，以"市场运营+政府参与"的新模式，开展早期智能科技项目孵化，打造海淀区人工智能和机器人产业企业培育平台。二是推动企业服务与支持方式创新。实施创新型企业3×100计划，每年安排一定专项资金，支持领军企业和培育潜力型企业。推出"胚芽企业培育计划"，首批筛选支持100多家优质初创科技企业。制定了《海淀区关于支持企业上市发展的若干措施》《海淀区关于支持上市公司可持续发展的工作措施》等文件，进一步强化对上市公司的精准服务。三是聚焦重点领域引导设立参股基金。围绕高校院所优势学科和重大科研成果，推动设立北大·海淀重大科技成果孵育基金、清华荷塘探索基金、中自创新智能产业发展基金、网络信息安全产业基金等成果转化引导基金。围绕重点产业完善产业投资基金布局，包括未来车联网产业发展基金、丝路科创基金、海淀金融科技成长基金等。

  5. 创新消费模式与服务方式，提升消费新动能

  通过培育和壮大信息消费、时尚消费、绿色消费、体验消费等方式，积极拓展新的消费增长点。一是发挥科技创新优势，打造"科技+商业""文化+商业"海淀特色的现代商业新模式，积极促成阿里盒马鲜生、京东7fresh、超级物种等新零售项目落地，推广旷世科技"face++"技术赋能现代新零售，与便利蜂、小麦铺等企业开展合作。二是积极推广互联网消费，探索"互联网+商超""互联网+餐饮""互联网+社区商业"等模式，试点"智能卖场""24小时便民服务圈"等多业态组合。启动第一批海淀区生活性服务业品质提升项目申报，重点支

持传统商业应用互联网、大数据等开展多渠道经营,支持电子商务平台与实体商业融合发展。在全区范围内推广"8+58"社区商业 e 中心建设,提供多种社区便民服务。三是拓展文化、旅游、医疗等生活服务领域电子商务应用,培育个性化定制(C2B)、线上线下互动(O2O)、移动电商等新型消费体验服务。四是出台《海淀区提升消费能级提高生活品质三年行动计划(2019—2021)》,从消费供给、需求、空间营造等五方面发力,培育壮大消费新动能,并将点亮夜间经济作为供给改革行动之一。

6. 以疏解整治促提升,挖潜服务业发展空间

按照"调整存量、优化增量、腾育并重"的思路,海淀区开展了全区存量用地资源梳理、高精尖企业空间需求征集,以及万平方米以上商业办公楼宇、集体产业空间摸排等工作,制定了高精尖产业用地"1+3"政策体系,将产业空间分为土地资源和办公楼宇资源,从经济指标、能耗等方面明确企业准入,拟以 5 年为周期对产业空间进行全生命周期管理。加快腾笼换鸟,成立了由区主要领导挂帅的中关村大街改造提升工作领导小组,着力推进中关村大街改造升级,截至 2018 年年底,中关村大街沿线累计腾退存量空间 39.3 万平方米;上地信息产业基地、永丰等业态实现升级,前沿技术创新中心等 20 万平方米改造空间实现创新要素导入;西三旗天坛家具城改造升级为金隅智造工场,一期实现企业入驻。同时,印发了《关于在"疏解整治促提升"工作中进一步提高城市生活性服务业品质的实施方案》,统筹推进"疏整促"工作,切实推进生活服务网点功能完善和品质升级,补足生活服务"短板"。

7. 开展专项引才计划,加快国际人才集聚

一是围绕国际人才集聚,海淀区有针对性地开展了"支持创新型企业人才引进"、"文化中心人才引进"和"海英人才引进"三个专项引才计划,分领域绘制全球顶尖人才图谱,研究制定国际人才认定和

支持办法，加大了对海外顶尖人才及创新团队的引进和支持力度。二是建立科学顾问合作网络，邀请姚期智、薛其坤等10多位国内外顶尖科学家担任区委区政府科学顾问，并开展个性化合作。三是以中关村大街—成府路—知春路—学院路构成的H型区域为核心，打造国际人才社区，筹建国际青年创新社区，积极营造"类海外"环境。四是落实公安部支持北京创新发展的20条出入境政策，用好中关村外国服务大厅资源，为外国高端人才开通绿色通道，提供免预约服务，对持有R字签证及国内人才引进计划的实行全程无纸化在线办理服务。

8. 升级"双创"服务，优化服务业产业生态

海淀区围绕推动"大众创业、万众创新"，开展创业全过程孵化服务，打造专业化、社区化的创新创业环境。一是建立创新平台（重点孵化机构）合伙人机制，探索政府与优质创新平台（中关村创业大街、中关村智造大街和中关村创客小镇）以及重点孵化机构（微软加速器、PNP、创业黑马等）建立合伙人机制，全方位跟踪服务优质在孵企业。二是开展胚芽企业遴选计划及全发展周期跟踪服务，遴选出的优质初创企业享受最高10万元的房租补贴，以及低成本空间拓展、选址服务和优先推荐申请政府股权投资基金等服务。利用大数据平台和"线上+线下"的产业政策落地服务手段，持续跟踪胚芽企业发展周期，开展精准对接活动。三是探索建立集群注册/集中办公区—众创空间/孵化器—加速器—产业园区全过程孵化服务链条，在全市率先推出初创企业"集群注册"平台。率先落地创业会客厅"码上办"，上线九大类120余个创业服务产品，提供全方位全流程全链条服务。四是打造功能融合型创客载体空间，推进中关村创客小镇等建设，构建"创业+生活+社交"360度的全要素创新创业生态体系。

（四）存在的主要问题

总体来看，海淀区服务业综合改革试点工作进展顺利，也取得了很好的成效，但实施过程中仍面临一些问题。

1. 新业态监管制度亟待探索和创新

科技金融、互联网金融、网约车、智慧医疗、外卖平台等新兴服务业态的快速发展，在给生产、生活带来便利的同时，也产生财富安全、乘车安全、食品安全等一系列问题。对于新业态的监管，除创新管理手段、提高监管效率外，还要进一步健全法律法规的约束监管体系。比如，区块链分布式账户技术对金融业务模式和支付清算体系等基础设施产生影响，如何加强技术运用风险管控、地方相关部门监管边界在哪里，目前尚没有相关法律法规。

2. 疏解腾退土地再利用面临相关困难

在"减量发展"背景下，海淀区2020年建设用地规模控制在229平方千米，到2035年再减少2平方千米，用于服务业发展的增量土地十分有限，大部分用地空间拓展必须依靠非首都功能疏解腾退空间再利用以及部分存量土地空间挖潜。但腾退土地由于受到分布零散、权属关系较复杂等因素影响，盘活再利用难度较大，可统筹利用的土地资源不多。因此，在如何利用腾退土地、闲置土地或通过存量土地改造发展服务业项目方面，亟待制定相关指引性文件。

3. 服务业扩大开放试点落实仍面临一些政策约束

在国际环境依然严峻复杂的形势下，服务业扩大开放试点工作突破性、创新性有待进一步深化。由于部分服务业领域市场竞争不充分，外资企业在地方行政审批、牌照获取等方面遇到困难。同时，服务业开放涉及多个部门，由于政策法规制定及审批、监管等隶属不同管理部门，跨部门协调机制仍不健全，如生物医药研发企业进口的小批量试剂通关时需要农业部、药监局、卫健委等部门审批，亟待构建全链条、全流程、全覆盖的监管体系。

4. 新兴产业领域亟待探索政府支持的新模式、新路径和新手段

近年来，国家和地方政府对新兴产业领域主要采取"鼓励创新、包容审慎"的原则，鼓励其发展壮大。实践中，有些新兴产业领域发

展中对政府管理和服务提出了个性化需求,比如互联网金融发展对金融风险防范提出更高要求,分享经济对信用体系建设需求紧迫,部分创业企业需要政府加大知识产权保护等。亟待结合新兴产业领域发展特点,探索出一套政府支持的新模式、新路径和新手段,促进新兴产业高质量发展。

参考文献

北京市统计局研究所:《巴黎的第三产业》,《统计与预测》1997年第4期。

陈禹、谢康:《知识经济测度理论与方法》,中国人民大学出版社1998年版。

陈雪柠:《北京市去年不予办理工商登记2.16万件》,《北京日报》2019年4月2日。

国际经济合作组织:《以知识为基础的经济》,机械工业出版社1997年版。

冯禹丁:《伦敦:置之死地而后生的复兴》,《商务周刊》2010年6月刊。

高汝熹等:《2007中国都市圈评价报告》,上海人民出版社2008年版。

韩景华:《国际大都市服务业发展的经验及启示》,《经济纵横》2008年第7期。

黄辉:《巴黎文化产业的现状、特征与发展空间》,《城市观察》2009年第3期。

吉宁、李嘉盈:《"京味"改革打造服务业扩大开放新高地》,《经济参考报》2019年6月18日。

李金勇:《上海生产性服务业发展研究》,博士学位论文,复旦大学,2005年。

李琳:《巴黎城市国际化的经验及启示》,《城市开发》1994年第6期。

李泽伟:《北京城六区常住人口两年下降74万人》,《北京青年报》2018年11月23日。

孙杰:《北京出台推进京津冀协同发展行动计划》,《北京日报》2018年7月30日。

唐珏凤:《生产服务业集聚——大都市形成与发展的必由之路》,《广西社会科学》2006年第2期。

王德生:《伦敦金融和专业服务发展概况》,上海情报论坛网站(http://www.istis.sh.cn)。

王江、魏晓欣:《建设世界城市背景下北京高端服务业发展探讨》,《商业经济研究》2014年第10期。

王静波:《若干世界大城市服务业发展态势研究综述》,上海情报论坛网站(http://www.istis.sh.cn)。

魏岗:《全球超级富豪"扎堆"住伦敦》,《深圳特区报》2008年1月13日。

魏江、陶颜、王琳:《知识密集型服务业的概念与分类研究》,《中国软科学》2007年第1期。

吴艳、陈跃刚:《国外高层次服务业空间分布的研究综述》,《科技进步与对策》2008年第6期。

钟婷:《创意产业:伦敦的核心产业》,http://www.sgst.cn/xwdt/shsd/200705/t20070518_110178.html。

周健:《国际特选中心城市服务业发展概述》,《当代经济》2013年第19期。

朱晓青:《北京现代服务业的现状与发展路径研究》,经济管理出版社2011年版。

庄丽娟:《服务定义的研究线索和理论界定》,《中国流通经济》2004年第9期。

夏翙、郭宏达、李柏峰：《国际大都市服务业发展规律及启示》，《前线》2018年第9期。

习近平：《开放共创繁荣　创新引领未来——在博鳌亚洲论坛2018年年会开幕式上的主旨演讲》，新华网（http：//www.xinhuanet.com/politics/2018-04/10/c_1122659873.htm）。

徐鹏飞：《北京市委书记蔡奇：把支持雄安新区建设当自己事来办》，《北京日报》2018年2月26日。

杨雅琴、王丹：《国际大都市现代服务业集群发展的比较研究——以纽约、伦敦、东京为例的分析》，《世界经济研究》2005年第1期。

《〈建设项目规划使用性质正面和负面清单〉的通知》（市规划国土发〔2018〕88号），http：//zhengce.beijing.gov.cn/library/192/33/50/438650/1541800/。

《1980年4月21日　中央对首都建设方针作出指示》，人民网（http：//cpc.people.com.cn/GB/64162/64165/78561/79768/5601014.html）。

《中关村指数2017分析报告》，http：//zgcgw.beijing.gov.cn/zgc/tjxx/sjbg/index.html。

《2018北京总部经济国际高峰论坛圆满落幕》，央视网（http：//news.cctv.com/2018/05/31/ARTIseVwGfNx5wLXLVUAKVyg180531.shtml）。

《〈北京市"十三五"时期现代产业发展和重点功能区建设规划〉的通知》（京政发〔2017〕6号），《北京市人民政府公报》2017年第10期。

《北京市人民政府办公厅关于做好中关村科技园区规划用地范围调整有关工作的通知》（京政办发〔2006〕16号），《北京市人民政府公报》2006年第8期。

《北京市生产性服务业发展策略研究报告》，http：//www.bjghw.gov.cn/web/static/articles/catalog_18/article_ff80808122a8e5730122

aac2f1ff000d/ff80808122a8e5730122aac2f1ff000d. html。

《中共中央国务院关于对〈北京城市总体规划（2016年—2035年）〉的批复》，http：//www. gov. cn/zhengce/2017 - 09/27/content_5227992. htm。

汉镒资产研究院：《中国现代服务业发展研究报告》，http：//wenku. baidu. com/view/f70e74669b6648d7c1c746e5. html。

《国务院关于深化改革推进北京市服务业扩大开放综合试点工作方案的批复》（国函〔2017〕86号）。

《国务院关于在北京市暂时调整有关行政审批和准入特别管理措施的决定》（国发〔2017〕55号）。

《国务院关于全面推进北京市服务业扩大开放综合试点工作方案的批复》（国函〔2019〕16号）。

《新闻办就全面推进北京市服务业扩大开放综合试点举行发布会》，中华人民共和国中央人民政府网（http：//www. gov. cn/xinwen/2019 - 04/10/content_5381235. htm）。

《北京城市总体规划（2016年—2035年）》，http：//www. beijing. gov. cn/zfxxgk/ftq11GJ20/gh32j/2019 - 05/17/content _ 1c5698 489dfc 415098b44d8debb17e6c. shtml。

《北京市人民政府2015年〈政府工作报告〉》，人民网（http：//leaders. people. com. cn/n/2015/0203/c58278 - 26496475. html）。

《2016年北京政府工作报告》，人民网（http：//bj. people. com. cn/n2/2017/0106/c380064 - 29563886. html）。

《北京市人民政府2017年〈政府工作报告〉》，人民网（http：//leaders. people. com. cn/n1/2017/0123/c58278 - 29042769. html）。

《北京市人民政府2018年〈政府工作报告〉》，人民网（http：//bj. people. com. cn/n2/2018/0202/c82837 - 31210890. html）。

《北京2017年拆除违法建设5985万平方米》，千龙网（http：//beijing.

qianlong. com/2018/0209/2389198. shtml），2018 年 2 月 9 日。

《深圳市人民政府关于加快我市高端服务业发展的若干意见》（深府〔2007〕1 号），http：//www. mofcom. gov. cn/aarticle/b/g/200703/20070304418610. html。

《第五批国家级开发区名单》（国家发改委 2006 年第 3 号公告），中华人民共和国商务部网站（http：//www. mofcom. gov. cn/article/b/g/200603/20060301724128. shtml）。

《中国统计年鉴》（2014，2017），国家统计局网站（http：//www. stats. gov. cn/）。

中华人民共和国国家统计局编：《中国第三产业统计年鉴2018》，中国统计出版社 2018 年版。

《北京统计年鉴》（2011，2014—2017），北京市统计局网站（http：//tjj. beijing. gov. cn/）。

《北京市国民经济和社会发展统计公报》（2013，2017，2018），北京市统计局网站（http：//tjj. beijing. gov. cn/）。

《北京经济普查年鉴 2013》，北京市统计局网站（http：//tjj. beijing. gov. cn/）。

《北京市 2010 年人口普查资料》，北京市统计局网站（http：//tjj. beijing. gov. cn/）。

《2012 年 42 部门投入产出表》，http：//www. bjstats. gov. cn/tjsj/zxdcsj/trccdc/dcsj_4603/。

《上海统计年鉴》（2015，2017），上海市统计局网站（http：//www. stats-sh. gov. cn/）。

《天津统计年鉴》（2014，2017），天津市统计局网站（http：//stats. tj. gov. cn/）。

《河北统计年鉴》（2014，2017），河北省统计局网站（http：//tjj. hebei. gov. cn/）。

《深圳统计年鉴2017》，深圳市统计局网站（http：//tjj. sz. gov. cn/）。

《西城区统计年鉴》（2011—2018），西城区政府网站（http：//www. bjxch. gov. cn/xcsj/tjnj. html）。

［法］让－克洛德·德劳内、让·盖雷：《服务经济思想史》，江小涓译，格致出版社、上海人民出版社2011年版。

［加］赫伯特·G. 格鲁伯、迈克尔·A. 沃克：《服务业的增长：原因与影响》，陈彪如译，上海三联书店1993年版。

［美］丝奇雅·沙森：《全球城市：纽约·伦敦·东京》，周振华等译校，上海社会科学院出版社2005年版。

Coffey, W. J. , Shearmur, R. G. , *Employment Growth and Change in the Canadian Urban System 1971 – 1994*, Ottawa: Canadian Policy Research Network, 1996.

Dathe, D. , Schmid, G. , *Determinants of Business and Services: Evidence from West-German Regions*, Berlin: Wissenschaftszentrum Berlin für Sozialforschung, 2000.

"District of Columbia Wage and Salary Employment by Industry and Place of Work 2017", District of Columbia Department of Employment Services, Office of Labor Market Research and Information, https://does. dc. gov/sites/default/files/dc/sites/does/publication/attachments/CESdc1Dec17. pdf, 2017.

Drechsler, Laszlo, "A Note on the Concept of Services", *Review of Income and Wealth*, Vol. 36, No. 3, 1990.

"Fortune 500 2011: States: District of Columbia Companies", *Fortune Magazine*, CNNMoney. com, May 23, 2011, Retrieved November 12, 2011.

Hill, T. P. , "On Goods and Services", *Review of Income and Wealth*, Vol. 23, No. 4, 1977.

"Les emplois dans les activités liées au tourisme: Un sur quatre en Ile-de-France" (in French) (PDF), Institut National de la Statistique et des Études Économiques, Retrieved, 2006 – 04 – 10.

Matt Connolly, "D. C. Sets Tourism Record with 19m Visitors in 2012", *The Washington Examiner*, https://www.washingt-onexaminer.com/dc-sets-tourism-record-with-19m-visitors-in-2012, May 7, 2013.

"The City Statistics Briefing", City of London, https://www.cityoflondon.gov.uk/business/economic-research-and-information/Documents/city-statistics-briefing.pdf.

"Top 200 Chief Executive Officers of the Major Employers in the District of Columbia 2009" (PDF), D. C. Department of Employment Services, https://does.dc.gov/sites/default/files/dc/sites/does/publication/attachments/DOES_Top200.pdf, 2010, Retrieved September 6, 2012.

Van Dyne, Larry, "Foreign Affairs: DC's Best Embassies", *Washingtonian Magazine*, https://www.washingtonian.com/2008/02/01/foreign-affairs-dcs-best-embassies/, February 1, 2008, Retrieved June 17, 2012.

Windrum, P., Tomlinson, M., "The Impact of KIBS on International Competitiveness—A UK-Netherlands Comparison", in TSER ed., *SI4S Report 10*, Manchester: University of Manchester, 1998.

CDI, Z/Yen, *The Global Financial Centres 21*, http://www.montrealinternational.com/wp-content/uploads/2017/03/gfci_21.pdf, 2017.